EVA-MARIA BAST | CAROLINE WADENKA

Aschaffenburger
Geheimnisse

**SPANNENDES AUS DEM BAYERISCHEN NIZZA
MIT KENNERN DER STADTGESCHICHTE**

Medienhaus
Main-Echo

Bast, Eva-Maria; Wadenka, Caroline;
Aschaffenburger Geheimnisse – Spannendes aus dem
Bayerischen Nizza mit Kennern der Stadtgeschichte

MAIN-ECHO in Kooperation mit:
Bast Medien GmbH, St. Ulrich Straße 11, 88662 Überlingen
(verantwortlich)
1. Auflage 2020
ISBN: 978-3-946581-73-4

Copyright: Bast Medien GmbH
Lektorat: Kerstin Schumacher
Covergestaltung: Jarina Binnig, Cornelia Müller, Melanie Kunze
Layout: Homebase – Kommunikation & Design, Jarina Binnig
Satz: Melanie Kunze
Druck: Mohn Media Mohndruck GmbH, Gütersloh

Ein Titel der preisgekrönten Reihe *Geheimnisse der Heimat*

Inhalt

Vorwort

Bücher ermöglichen – häufig jedenfalls – einzigartige Erfahrungen. Sie erzeugen Bilder in unseren Köpfen, die wir so noch nie gesehen haben. Sie nehmen uns mit auf Reisen in ferne Gedankenwelten. Sie beschäftigen uns weit über den Moment des Lesens hinaus, weil sie uns tief im Innern berühren, zum Nachdenken anregen und Saiten in uns zum Klingen bringen, die wir selbst nicht kannten. Lesen ist auf- und anregend zugleich. Lesen bildet nicht nur, es kann wunderbar unterhaltsam sein.

Sie sehen, liebe Leserin, lieber Leser, ich selbst bin ein begeisterter Bücherwurm. Dennoch, das gebe ich offen zu, war ich etwas skeptisch, als ich erstmals davon hörte, dass die Verlegerin, Autorin und Journalistin Eva-Maria Bast ihren bundesweit erfolgreichen „Geheimnis"-Büchern einen Band zu meiner Heimatstadt Aschaffenburg hinzufügen will.

Keinen Zweifel hatte ich von Beginn an daran, dass Eva-Maria Bast gemeinsam mit meiner Redakteurskollegin Caroline Wadenka als Co-Autorin ein wunderbares Buch gelingen wird. Aber ich war, ein bisschen selbstgerecht und arrogant, davon überzeugt, dass ich als gebürtiger Aschaffenburger, der hier zur Schule gegangen ist, der einen Beruf in dieser großartigen Stadt gelernt hat, der als Zivildienstleistender im Rettungsdienst jeden Winkel von Aschaffenburg erfahren hat, dass ich also in diesem Band nichts Überraschendes, nichts Neues, schon gar keine Geheimnisse würde entdecken können.

Eva-Maria Bast und Caroline Wadenka haben mich eines Besseren belehrt – und wie! Sie ermöglichen mir und Ihnen, liebe Leserin, lieber Leser, einen neuen, frischen, unverstellten Blick auf unsere Heimat. Sie haben Orte neu- und wiederentdeckt, die viele von uns kennen, von denen wir manchmal bisher aber auch nur flüchtig gehört hatten. An diesen kleinen und großen Geheimnissen unserer Stadt eilen wir im Alltag zu oft achtlos vorüber. Wir übersehen die Details und lehrreichen Geschichten dahinter, die alle gemeinsam dazu beitragen, unser Aschaffenburg so einzigartig zu machen. Eva-Maria Bast und Caroline Wadenka öffnen uns Türen und gewähren uns Einblicke, ganz wörtlich und im übertragenen Sinne. Sie tun dies liebevoll und voller Begeisterung für unsere Stadt – und mit dem unverstellten Blick von Menschen, die eben nicht schon seit Jahrzehnten durch Herschellgass' und Roßmarkt flanieren.

Doch nicht nur für diejenigen unter uns, für die Aschaffenburg von Geburt an Heimat ist, lohnt sich das Schmökern in diesem besonderen Buch. Gerade für Neu-Aschaffenburger, die noch dabei sind, Wurzeln zu schlagen, und für Touristen, die wegen des Parks Schönbusch oder wegen unseres Schlosses Johannisburg hierher gekommen sind, bieten die „Aschaffenburger Geheimnisse" eine faszinierende Lektüre. Denn die Autorinnen Eva-Maria Bast und Caroline Wadenka nehmen uns alle mit auf eine Entdeckungsreise durch eine wunderbare Stadt – eine Stadt, deren Geheimnisse neu oder wieder zu entdecken sich wirklich lohnt.

Martin Schwarzkopf
Chefredakteur Medienhaus Main-Echo

Die Autoren

Eva-Maria Bast, Jahrgang 1978, arbeitet seit 1996 als Journalistin. 2011 gründete sie das Redaktionsbüro „Büro Bast & Thissen", das 2013 in „Bast Medien" überging. Sie initiierte und schreibt die Buchreihe Geheimnisse der Heimat, die 2011 startete, rasch zu einem regionalen Bestseller wurde und die 2020 in über 70 Bänden vorliegt. Sie wurde für ihre Arbeit mehrfach ausgezeichnet, unter anderem erhielt sie mit dem Südkurier für die Geheimnisse den Deutschen Lokaljournalistenpreis der Konrad-Adenauer-Stiftung. Neben zwei Krimis liegt von ihr auch die vierbändige Mondjahre-Jahrhundertsaga vor. Unter dem Pseudonym Charlotte Jacobi schreibt sie gemeinsam mit Jørn Precht historische Romane für den Piper Verlag. Eva-Maria Bast ist Dozentin an der Hochschule der Medien in Stuttgart. Sie hat fünf Kinder und lebt am Bodensee und in Würzburg.

Caroline Wadenka, Jahrgang 1982, gehört seit 2012 zur Main-Echo-Redaktion und hat nach vielen Stationen in Deutschland und der Welt in Aschaffenburg ihr Zuhause gefunden. Die gebürtige Nürnbergerin studierte an der Universität Passau und an der Universidad del Salvador in Buenos Aires (Argentinien) Sprachen, Wirtschafts- und Kulturraumstudien. 2008 begann sie ihr Volontariat bei der Nachrichtenagentur ddp (später dapd), bei der sie bis zu ihrem Wechsel zum Main-Echo als Redakteurin in Stuttgart arbeitete. An Aschaffenburg und seinen Menschen schätzt sie die Vielseitigkeit: Hier treffen sich bayerisches Traditionsbewusstsein, die Freude an der Natur in Spessart und Odenwald und die für das Rhein-Main-Gebiet typische Geselligkeit.

Eichenpflöcke

Dank Holz zum perfekten Weg

Hoppla! Den Blick fest auf das Schloss Schönbusch gerichtet, kann der Spaziergänger im Landschaftspark schon einmal die ganz leicht hervorragenden Pflöcke in der Wegesmitte übersehen. Was haben die Hölzer mit dem Durchmesser einer großen Münze hier zu suchen?

Johannes Lindner, Betriebsleiter des Parks Schönbusch, kennt das Geheimnis hinter dem Relikt, das für die Anlage des Parks eine wichtige Rolle gespielt hat. Denn nicht nur Wasserflächen und Staffagebauten gehörten zu der damals völlig neuartigen Parkgestaltung nach englischer Prägung: Auch der geschlängelte Verlauf der Wege war im Unterschied zu den geraden Alleen in französischen Gärten ein Unterscheidungsmerkmal. „Doch dem Zufall wollte man den Wegeverlauf nicht überlassen", weiß Lindner.

1775 hatte der Mainzer Erzbischof und Kurfürst Friedrich Carl von Erthal (1719-1802) den Startschuss für die Anlage des Schönbusch gegeben – und damit lange vor der Zeit von GPS und Vermessungspunkten. Hier kommen die in den Boden eingeschlagenen Eichenpflöcke ins Spiel: „Sie sind eine bauliche Einheit und gehen auf Friedrich Ludwig von Sckell zurück", erzählt Lindner.

Sckell (1750-1823) gilt als einer der bedeutendsten Garten- und Landschaftsarchitekten seiner Generation. Er hatte seine Ausbildung in der Hofgärtnerei Schwetzingen absolviert. Nach Stationen in Bruchsal, Paris und Versailles studierte er von 1773 bis 1776 in England Landschaftsgärten im englischen Stil. Nach seiner Rückkehr trat er in die Dienste des Mainzer Kurfürsten Erthal und gestaltete in Aschaffenburg bis 1790 den Schönbusch um. Herausragende Merkmale seiner Gärten sind die weiten Dimensionen und die Monumentalität der „Bilder der Natur". Er prägte nicht nur den Schönbusch, sondern auch weitere Parks und Grünanlagen Aschaffenburgs.

Erwiesenermaßen griff Sckell erstmals 1785 im Park Schönbusch

Keineswegs eine Stolperfalle: Die Eichenpflöcke im Weg hinter Schloss Schönbusch sind ein baulicher Kniff des Gartenkünstlers Friedrich Ludwig von Sckell.

ein, als er die Arbeiten für das kommende Jahr festlegte. Wie akribisch er die Gestaltung geplant hatte, dafür sind Lindner zufolge auch die Eichenpflöcke im Weg hinter dem Schloss ein Beleg. „Sie befinden sich genau in dessen Mitte. So ist garantiert, dass die Wegbreite eingehalten wird", erläutert er. Vom Eichenpflock, der bündig in den Boden versenkt und in der Regel von der oberen Verbrauchsschicht überdeckt ist, bis zur rechten und linken Kante des Weges musste der Abstand identisch sein. „An den Kanten der Wege war früher Klee gesät", ergänzt Lindner.

Tatsächlich hat Gartenarchitekt Sckell festgehalten, dass alle „20 bis 30 Schuhe Pflöcke von Eichenholz der Erde gleich eingeschlagen werden". So sollte verhindert werden, dass der ausgeklügelte Wegeverlauf im Schönbusch, der wie in einem begehbaren Gemälde erst allmählich den Blick auf Gebäude oder Landschaftselemente öffnet, beibehalten wird und nicht „nach und nach eine unästhetische Richtung" annimmt, wie Sckell schrieb.

Die Sckellschen Eichenpflöcke in den Parkwegen erfüllen laut Lindner noch eine weitere Funktion. Die Oberfläche der Wege besteht aus verschiedenen Schichten, die sich nach und nach abnutzen. Die Wegmitte, wo sich die Holzbauteile befinden, so erläutert Lindner, weist den geringsten Verschleiß auf. „Wenn man die Pflöcke dort sieht, weiß man, dass die obere Verbrauchsschicht weg ist und der Weg nachgearbeitet werden muss." Falls die Landschaftsgärtner im Schönbusch an dieser Stelle also über die Eichenpflöcke stolpern sollten, heißt es nachbessern.

Caroline Wadenka

....

So geht's zu den Eichenpflöcken:

Die Eichenpflöcke befinden sich in dem Weg, der direkt hinter Schloss Schönbusch links in Richtung Kotzerbrunnen abzweigt.

Ina Paulus weiß, welche Bedeutung die schwarzen Pflastersteine in den weißen Strahlen auf dem Stiftsplatz haben.

Pflastersteine

An die Grenzen der Kirche gestoßen

Weiße Linien ziehen sich wie Sonnenstrahlen über den ansonsten dunkel gepflasterten Stiftsplatz. Doch wer den Blick an ihnen entlangwandern lässt, stutzt: Immer wieder sind die weißen Strahlen unterbrochen, in jeder Linie sitzt ein schwarzer Pflasterstein. „Würde man diese schwarzen Pflastersteine wiederum miteinander verbinden, würde man feststellen, dass auch sie eine, leicht geschwungene, Linie ergeben", sagt Ina Paulus. Die Leiterin des Führungsnetzes Aschaffenburg hat recherchiert, was es mit dieser geheimnisvollen Linie auf sich hat. Um die Geschichte zu erzählen, muss sie allerdings etwas weiter ausholen.

„Auf dem Platz vor der Stiftskirche befand sich früher ein Friedhof", beginnt sie. Wie Alois Grimm in seinen berühmten *Häuserbüchern* schreibt, wurde der Stiftsfriedhof 1321 erwähnt, „als das Stift ein Haus, genannt das *Blumechenhaus*, gelegen *juxta cimiterium eccl(esie) nostre*, dem Hermann Institor (Krämer) zur Erbleihe gibt". Als der Friedhof aufgehoben wurde, entstand hier der stift'sche Marktplatz. Grimm kann das zeitlich eingrenzen: „Eine Urkunde von 1334 bezeichnet dieses Haus in seiner Lage *in forno*, also am Markt." Und auf diesem Markt wurde Handel getrieben: „Das Stift hatte ja auch Weinberge und betrieb Ackerbau, die Stiftsbrüder verkauften die Waren in ihren Stiftsbuden, die auf dem Platz standen", erläutert Ina Paulus.

Und nun kommt auch die gepflasterte Linie ins Spiel – also diejenige, welche sich ergibt, wenn man die schwarzen Pflastersteine in den weißen Strahlen verbindet: „Sie markiert die damalige Stiftsimmunität", lüftet Ina Paulus das Geheimnis. Für die Stiftsbrüder hieß das, dass sie ihre Waren in einem Bereich verkaufen konnten, in dem ihre eigenen Gesetze galten: Stiftsimmunität bedeutet, dass innerhalb des mit der Linie abgegrenzten Raumes kanonisches Recht galt. Auch für Delinquenten, die in der Stadt straffällig geworden waren und vom Arm des Gesetzes verfolgt wurden, war das ein Vorteil: Hatten sie es über die Linie geschafft, konnten die städtischen Gesetzeshüter sie nicht mehr belangen.

Grimm beschreibt die Verkaufsbuden der Stiftsbrüder genau: „Der Friedhof und damit der nach dessen Aufhebung vor der Kirche liegende Platz war bis 1480 gegen den eigentlichen städtischen Markt durch *eynen alten Kaff mit etlichem Kremen* – will heißen: ein altes Gebäude mit etlichen Krämern – abgetrennt. Dieser wohl eingeschossige und, da mit Verkaufsgewölben ausgestattet, steinerne massive Bau war Eigentum des Stiftes, welches daraus den Grundzins bezog." 1480 seien dann neue „Verkaufsgewölbe" errichtet worden „angelehnt an den zum Platz gerichteten Flügel des Kapitelhauses in Form einer Terrasse. Bei diesen baulichen Veränderungen durfte weder durch die Stadt noch durch irgendjemanden sonst der Umfang der gewisse Freiheiten genießenden Fläche (Immunitätsrechte) geschmälert werden."

„Im September 1304 haben sich die Bürger erhoben und die Häuser der Stiftsherren gestürmt."

Die Verkaufsgebäude standen also innerhalb der Stiftsimmunität. Für die handelnden Stiftsherren bedeutete es, dass sie bei den Käufern keine Steuern erheben mussten. „Dadurch konnten sie ihre Waren günstiger abgeben, was den anderen Händlern, die auf dem Platz gegenüber ihre Waren verkauften, natürlich nicht gefiel", fährt Ina Paulus fort. Das war nicht die einzige Unstimmigkeit zwischen Bürgern und Stiftsherren: „Im September 1304 haben sich die Bürger erhoben und die Häuser der Stiftsherren gestürmt", blickt Ina Paulus noch weiter in die Vergangenheit zurück. „Doch die Kirche hat am Ende gewonnen: Sie hat den aufständischen Bürgern sämtliche Sakramente verweigert, was diese mit ihrem Seelenheil nicht vereinbaren konnten und sie schließlich lammfromm werden ließ." Geärgert haben sie sich aber trotzdem, wenn die Käufer den Stiftsherren den Vorzug gaben. Und die Händler waren unmittelbar betroffen, denn auf dem Stiftsplatz wurde – außerhalb der Immunität – auch Markt abgehalten, zunächst nur samstags, ab 1685 auch mittwochs, außerdem fanden hier mindestens ab Ende des 15. Jahrhunderts Jahrmärkte statt, zu denen zahlreiche Beschicker von außerhalb kamen: Wie bei Grimm nachzulesen ist, gab es im Jahr 1526 Beschwerden aus der Bürgerschaft, „das Stift möge in Zukunft die Stände auf seinem Gelände zwischen den zwei Steinen mit den Kirchenpatronen und der Stiftstreppe zu Zeiten des Jahrmarktes nicht nur an Fremde vergeben, sondern auch den Bürgern dort Standplätze gönnen". Das zeigt, dass auf dem Stiftsbezirk also nicht nur die Stiftsherren, sondern auch

Ein dunkler Pflasterstein zwischen zwei weißen.

andere Menschen ihre Waren verkauften, an die die Stiftsherren die Plätze für die Stände verpachteten.

Mit den „zwei Steinen mit den Kirchenpatronen" sind übrigens die beiden gotischen Heiligenfiguren der Stiftspatrone Peter und Alexander gemeint, die heute am Treppenaufgang stehen und sich damals direkt auf der Immunitätslinie befanden. „1624 und 1631, aber auch schon 1569, ist der Raum zwischen den Standbildern der Stiftspatrone in fünf Standplätze aufgeteilt. Stände befinden sich auf der Treppe zur Vorhalle, in der Vorhalle (und wohl auch auf der Terrasse vor dem Kapitelhaus)", schreibt Grimm.

An Markttagen, vor allem samstags, herrschte im ersten Drittel des 17. Jahrhunderts dichtes Treiben: „1611 wird über die Zustände dort geklagt, *ist allewegs ein groß Geschrei und Geläuff und neulich (ist) eine Frau geschlagen worden*", so Grimm. Der Stiftsglöckner hatte für Ruhe und Ordnung zu sorgen.

Als der Stiftsplatz im Jahr 1805 eine Neugestaltung bekam, wurde die alte Immunitätsgrenze mit roten Sandsteinen kenntlich gemacht. „Mitte des 19. Jahrhunderts wurden die Wochen- und Jahrmärkte in die Landingstraße verlegt", erzählt Ina Paulus über das Ende des bunten Treibens auf dem Stiftsplatz. Als dieser 1871 erneut umgestaltet wurde, erhielt die Pflasterung ihr heutiges Bild mit den Strahlenlinien, 1957, im Zuge des Rathaus-Neubaus wurde das Strahlenmuster auf die gesamte Fläche ausgedehnt. „Damals hat man die alte Grenzmarkierung entfernt und die schwarzen Pflastersteine in die weißen Strahlen eingesetzt", sagt die Gästeführerin und blickt nachdenklich über den Platz. Wie friedlich es hier ist. Ein Gefühl, das durch das Strahlenmuster noch verstärkt wird. Kaum zu glauben, dass hier einst Marktschreier ihre Ware anpriesen und die Käufer sich um die Stände drängten. Daran erinnert fast nichts mehr. Außer ein paar kleinen, schwarzen Pflastersteinen.

Eva-Maria Bast

So geht's zu den Pflastersteinen:

Sie ziehen sich über den Stiftsplatz und stechen aus den hellen Strahlen hervor. Die Linie verläuft vom Eckhaus Dalbergstraße 11 zu dem auf der Seite gelegenen Aufgang zur Kirche.

Architekt Joachim Kaupp leitete den Aufbau der Löwenapotheke, deren Fachwerk traditionelle Zimmermannskerben zieren.

03

Zimmermannskerben
Da ist die Ordnung im Fachwerk geritzt

Herrlich ist das Fachwerk der Löwenapotheke am Stiftsplatz anzuschauen. Doch der aufmerksame Betrachter stutzt: Ein V mit drei senkrechten und einem schrägen Strich ist auf einem Balken zu erkennen, um die Ecke rechts eine Kerbe in F-Form. Offensichtlich hat hier jemand etwas eingeritzt. Aber warum und zu welchem Zweck?

Das heutige Fachwerkgebäude ist nicht mehr das Originalbauwerk aus dem 16. Jahrhundert, 1944 war der markante Bau am Stiftsplatz den Bomben der Alliierten zum Opfer gefallen. Nichts von der Löwenapotheke war stehen geblieben.

Eine originalgetreue Rekonstruktion schied für viele Entscheider in der Stadtverwaltung aus, auch weil es abgesehen von wenigen alten Bildern kaum Informationen über den Aufbau des Ursprungsgebäudes gab. Ein Wettbewerb wurde ausgelobt, aus dem ein moderner Bau als Siegerentwurf hervorging. Dieser stieß nicht überall auf Gegenliebe: Eine Bürgerbewegung entstand, die sich ihrerseits für einen Wiederaufbau der Löwenapotheke einsetzte. Letztlich erzwang die Initiative eine Rekonstruktion des Fachwerkgebäudes im alten Stil. Als Architekt zeichnete Christian Lauffs für Entwurf und Werkplanung verantwortlich, das Büro Kaupp von Joachim Kaupp übernahm Ausschreibung, Bauleitung und Objektbetreuung.

Ein Haus in einer jahrhundertealten Bauweise zu errichten, das trotzdem modernen Auflagen wie Brandschutz gerecht wird, war eine Herausforderung, wie Joachim Kaupp berichtet. Eine Herausforderung, die er annahm und mit deren Ergebnis er sehr zufrieden ist: „Ich kann gut mit der Löwenapotheke leben. Ich komme nicht mit gemischten Gefühlen hierher."

Für die Fachwerkkonstruktion lieferte ein französischer Holzhändler 105 Festmeter Eichenholz – und in ebenjenen Balken finden sich die rätselhaften Kerben. Die sind keineswegs nur zur Zierde da, sondern sie erfüllen einen wichtigen Zweck: Bei den Einritzungen handelt es sich um sogenannte Abbundzeichen. Sie dienten und dienen Zimmerleuten dazu, die Bauteile schnell und sicher zuzuordnen und zusammensetzen zu können.

Beim sogenannten Abbund wurde und wird bisweilen immer noch die hölzerne Fachwerkkonstruktion hergestellt und mit Holzverbindungen zusammengefügt. Zunächst geschieht das beim traditionellen Verfahren auf einem Abbundplatz oder Reißboden. Dabei handelt es sich um eine große Fläche, auf denen sich Konstruktionen und Umrisse der Bauteile in Originalgröße auftragen lassen. Dann werden die Balken zurechtgesägt und bearbeitet. Zum Abschluss setzen die Zimmerleute die Holzbauteile probeweise zusammen und markieren sie mit ebenjenen Zeichen, die heute noch am Fachwerk zu sehen sind. Dazu werden Stemmeisen, eine Axt oder ein Reißhaken benutzt. So können die einzelnen Teile beim endgültigen Aufbau auf der Baustelle zügig und korrekt zusammengefügt werden.

„Die Fassadenteile waren fertig gebaut, aber die Zeichen sind eine gewisse Reminiszenz."

Die Markierungen unterscheiden sich abhängig von ihrer Lage, sie zeigen römische Ziffern und ein weiteres Zeichen, das sich je nach Fassade unterscheidet. Eine Besonderheit: Die Neun wird nicht als IX, sondern VIIII geschrieben. Damit wird verhindert, dass ein Balken, der an neunter Stelle eingefügt werden soll, beim Transport aber vielleicht gedreht wurde, an elfter Stelle eingebaut wird.

Beim Wiederaufbau der Löwenapotheke mussten die Abbundzeichen ihre ursprüngliche Funktion aber höchstens noch teilweise erfüllen. Laut Kaupp lieferte das zuständige Unternehmen ganze bereits zusammengefügte Fachwerkelemente auf einem Tieflader, zerlegt war nicht mehr viel. „Die Fassadenteile waren fertig gebaut, aber die Zeichen sind eine gewisse Reminiszenz."

Die Methode der Einkerbungen, in der Fachsprache Risszeichen genannt, ist nach Angaben von Andreas Kraft vom bayerischen Zimmererverband bei Fachwerkbauten immer noch gebräuchlich, zum Beispiel bei Restaurierungen oder aus Schmuckgründen. Allerdings nutzen Zimmerleute im modernen Holzbau für die richtige Zuordnung inzwischen auch Bleistiftmarkierungen oder Schilder mit Zahlen aus dem Abbundplan.

Wer beim Kerbensuchen mit den Augen immer weiter nach oben wandert, kann ein weiteres Detail an der Fassade entdecken. An einem Vorsprung sind die Buchstaben *FP* und die Jahreszahl *1995* zu entdecken. Kaupp verrät, dass sich hier Franz Petermann verewigt hat, der die wiederaufgebaute Löwenapotheke gestrichen hatte. Die Initialen seines Maler-Kollegen mit dem Nachnamen Heßberger hingegen sind verschwunden.

Caroline Wadenka

....

So geht's zu den Zimmermannskerben:

Die Löwenapotheke befindet sich am Stiftsplatz (Dalbergstraße 11).
Die Kerben sind überall im Gebälk zu sehen.

Monika Spatz am Sandtor. Ungefähr hier, vermutet sie, könnte der kleine Friedrich gelegen haben.

04

Sandtor

Der kleine Friedrich mit dem roten Tuch

Aschaffenburg 1813. Frohe Erwartung liegt in der Luft, in fünf Tagen ist Weihnachten. Draußen riecht es verheißungsvoll nach Schnee, drinnen in den warmen Stuben sind die Frauen eifrig damit beschäftigt, Lebkuchen und Weihnachtsplätzchen zu backen. Auch Katharina Bamberger ist emsig am Werk. In ihrer Küche steht sie, knetet und backt und schaut immer wieder zum Sandtor hinaus. Katharina ist die Frau des Torwächters Michael Bamberger, die beiden wohnen direkt am Sandtor.

Torwächter hatten die Aufgabe, die Tore abends zu schließen und sie morgens wieder zu öffnen, um zu verhindern, dass Fremde nachts unangemeldet oder unbemerkt in die Stadt kommen oder die Einwohner Opfer von Überfällen werden. Teilweise gehörte es auch zu ihren Aufgaben, Wegzoll zu erheben. Übrigens stammt der Begriff „Torschlusspanik" genau da her: Einheimische, die fürchteten, nicht mehr rechtzeitig nach Hause zu kommen, hatten Angst, das Tor verschlossen vorzufinden, denn vor der Stadt übernachten zu müssen, war kein sonderlich erfreuliches Ereignis.

Doch zurück zu unserer vorweihnachtlichen Szene, mit der sich Gästeführerin Monika Spatz ausführlich beschäftigt hat: Katharina Bamberger schaut also hinaus auf das Tor, sieht, dass die ersten Flocken vom Himmel fallen und wendet sich dann an ihren Mann: Da komme heute keiner mehr, sagt sie, und er solle das Tor doch schließen. Michael Bamberger findet, das sei eine gute Idee. Der Feierabend ist an einem solchen Tag noch verlockender als sonst, zumal er es gar nicht erwarten kann, nach getaner Arbeit in der warmen Küche die Leckereien, die seine Frau gezaubert hat, zu probieren. „Nun war es Zeit die Pforte zu schließen, niemand würde mehr Einlaß begehren, und Kaufleute, die noch den Rohrbrunner Paß überqueren wollten, waren keine in der Stadt", schrieb das *Main-Echo* an Weihnachten 1953 über jenen denkwürdigen Abend – denn denkwürdig sollte er noch werden.

Michael Bamberger geht also hinaus, schließt das Tor, kommt wieder herein, setzt sich an den Küchentisch, richtet sich eine Pfeife und schaut seiner Frau beim Backen zu. Sie scheint recht zu haben: Keiner begehrt mehr Einlass, alles ist ruhig und die Schneeflocken verwandeln die Szenerie vor dem Fenster in eine weiße Zauberlandschaft. „Und dann war es mit der Ruhe plötzlich vorbei", erzählt Monika Spatz die Geschichte weiter. „Jemand klingelte verzweifelt an der großen Torglocke." Verwundert schlüpft Bamberger in Stiefel und Jacke, greift nach dem Schlüssel, geht hinaus und späht durch das Guckloch im Tor. Und da steht der Metzgermeister Mathes Immerschied, durchgefroren bis auf die Knochen. Der erzählt seinem guten Bekannten, dem Torhüter, dass er unterwegs einen Radbruch gehabt habe, und dass Bamberger ihn schnell einlassen solle, die Familie sei sicherlich schon in großer Sorge.

Wer einen Freund oder guten Bekannten als Torhüter hat, braucht keine Torschlusspanik zu haben: Bamberger öffnet dem Metzgermeister selbstverständlich die Pforten, der macht sich eilig auf den Weg nach Hause zu seiner Familie. Inzwischen schneit es immer stärker. Die Welt ist in reines Weiß getaucht doch in diesem Weiß leuchtet draußen vor dem Tor etwas Rotes. Bamberger stutzt, kommt näher, reibt sich verwundert die Augen, schaut nochmal hin und kann es kaum glauben: Tatsächlich! Da liegt ein Kind, gehüllt in eine rote Decke. „Er hat sich gleich umgesehen, aber er konnte niemanden entdecken, das Kleine, etwa neun Wochen alt, lag da ganz alleine", hat die Aschaffenburgerin Monika Spatz recherchiert. Vorsichtig hebt er das Baby auf seinen Arm und trägt es hinein zu seiner Frau. Die lässt Lebkuchen Lebkuchen sein und schwankt zwischen Begeisterung über den kleinen Jungen und Entsetzen, dass er dort ganz allein gelegen hat. Wie das *Main-Echo* 1953 berichtet, sagte sie zu ihrem Mann, dass da doch noch jemand sein müsse. Aber es ist niemand da. Der Torwächter legt seiner Frau den kleinen, eisigen Körper in die Arme – wäre der Metzgermeister nicht zu spät gekommen, wäre das kleine Menschenkind vermutlich erfroren. Er geht in die nächste Wirtschaft, wo er auf den Forstaufseher Quirin Hattamer und den Bürgermeister und Schuhmacher Peter Nußbaum trifft. Aufgeregt erzählt er seine Geschichte und die beiden Männer springen sofort auf, um dem Torwächter auf der Suche nach demjenigen zu helfen, der das Kind dort abgelegt hat. Sie finden niemanden. Wieder zu Hause berichtet Bamberger seiner Frau von der erfolglosen Suche. Die hat den Kleinen inzwischen aufgewärmt und wiegt ihn liebevoll in den Armen. Was soll aus dem kleinen, einsamen Menschenkind werden? Die Bambergers sehen sich an, einer liest das Einverständnis in den Augen des anderen. So friedlich liegt der Kleine da und schläft, so schutzbedürftig ist er, ganz verloren

Vor dem Sandtor ereignete sich kurz vor Weihnachten 1813 eine denkwürdige Geschichte.

ohne sie. Ob er bei ihnen bleiben kann? Er kann. „Man machte damals keine bürokratischen Umstände, Bamberger hatte das Kind gefunden, Bamberger durfte es auch behalten – wenn er wollte", schrieb das *Main-Echo*. Und weiter: „Am 21. Dezember hat man in den Akten der Stadt den Fall „Sandthor" protokolliert. Da steht, daß das Kind in eine Papierser-

„Die Bambergers nahmen ihn wie ihr eigenes Kind auf und gaben ihm den Vornamen Friedrich."

viette und in eine rote, wollene Decke eingeschlagen war, daß es ein braunkattunes Leibchen, ein Hemdchen und ein Häubchen hatte und daß an der Decke die Buchstaben L.B. und die Zahl 14 angebracht war."

Wofür das L und das B standen, konnte nie herausgefunden werden. Die neuen Initialen des kleinen Jungen sind fortan F. S.: „Die Bambergers nahmen ihn wie ihr eigenes Kind auf und gaben ihm den Vornamen Friedrich", erzählt Monika Spatz. „Und weil sie ihn am Sandtor gefunden hatten, erhielt er den Nachnamen *Sandtor*."

Ein kleiner Aschaffenburger Weihnachtsengel, der mit den ersten Schneeflocken in die Stadt gekommen war. Damals, kurz vor Heiligabend 1813.

Eva-Maria Bast

So geht's zum Sandtor:

Es steht am Ende der Sandgasse am Übergang zur Würzburger Straße.

Das rätselhafte Zeichen an der Stiftskirche.

05

Steinmetzzeichen

Am Zahltag wurde abgerechnet

Das Zeichen sieht merkwürdig aus: Wie ein kleines, etwas schief geratenes Kreuz. Zu finden ist dieses interessante, runenartige Ding im Eingangsbereich der Stiftskirche an einer der zahlreichen Säulen. Einritzungen wie diese finden sich häufig an alten Gebäuden: Es handelt sich dabei um sogenannte Steinmetzzeichen. Sie stammen aus Zeiten, als die Steine für Bauwerke noch per Hand mit Hammer und Meißel in Form gehauen wurden. Diese Zeichen waren die individuellen Signaturen der Steinmetze und dienten der Abrechnung: Ein Steinmetz stapelte die Quader, die er behauen hatte, und versah die obere Reihe mit seiner Signatur. So konnte der Meister am Zahltag genau erkennen, welcher Stapel zu welchem Steinmetz gehörte, wie viele Steine er gehauen hatte, und ihn nach Stücken bezahlen. Jeder Lehrling einer Bauhütte bekam nach seiner fünfjährigen Ausbildung ein solches Steinmetzzeichen, das er wohl selbst entwerfen durfte und das anschließend nicht mehr geändert werden konnte.

„Bei schweren Verstößen gegen die Bruderschaft" habe das Steinmetzzeichen aufgehoben werden können, schreibt Alfred Schottner in einer Abhandlung über die mittelalterlichen Dombauhütten. Darin erklärt er auch: „Das Zeitalter der etwa von 1250-1500 andauernden ‚himmelsstürmenden Gotik' war zugleich die hohe Zeit der Steinmetzzeichen. An den aus jener Epoche noch vorhandenen Bauwerken sind sie zu Hunderten abzulesen, wobei die Stabform mit Abzweigen bzw. Ästen vorherrscht." Genau diese Art von Zeichen ist an der ab 975 errichteten Stiftskirche, deren heute noch sichtbare Teile allerdings überwiegend aus dem 12. und 13. Jahrhundert stammen, zu finden. Übrigens: Wurde ein Steinmetz zum Meister, durfte er sein Zeichen in ein Wappen setzen – und wenn die Nachfahren ebenfalls Baumeister waren, übernahmen sie das Wappen meistens.

Durch derartige Kennzeichnungen war es möglich, das Wirken von Baumeisterfamilien über viele Jahrhunderte hinweg zu verfolgen, zumal diese sich oft selbst ein Denkmal setzten, indem sie ihr Wappen deutlich sichtbar, zum Beispiel auf Schlusssteinen, anbrachten. Deshalb sind solche Wappen – und auch ganz einfache Steinmetzzeichen – für die Erforschung von Bauwerken von Bedeutung. Das würde man der Einkerbung an der Stiftskirche gar nicht ansehen. Wer würde denken, welch große Geschichte hinter diesem kleinen Ding steckt?

Eva-Maria Bast

....

So geht's zum Steinmetzzeichen:

Es befindet sich im Eingangsbereich der Stiftskirche, Stiftsgasse 1a: Wenn man die linke Treppe hinauf- und dann innerhalb der Arkaden rechts geht, kann man es auf der rechten Seite entdecken.

06

Mosaik

Die Kraft des Teilens

E ine Mutter mit ihrem Kind. Der kleine Junge, etwa vier Jahre alt mag er sein, schaut mit großen Augen zu dem Mosaik empor. Ein Mann auf einem Pferd ist dort zu sehen, der einem hinter ihm stehenden Alten etwas zuwirft. „Das ist der heilige St. Martin", sagt die Mutter. „Er teilt seinen Mantel mit dem Mann."

„Warum?", fragt das Kind. „Weil der Mann friert", erwidert die Mutter und spricht mit ihrem Sohn über die Notwendigkeit des Teilens und des sich gegenseitig Helfens.

Hans Schreck, heute Pensionär, hat als Kind auch oft so vor dem Mosaik gestanden – mit seiner Mutter, die ihm schon früh die Liebe zur Heimat beibrachte. Da zierte das Mosaik allerdings noch ein öffentliches Gebäude und nicht, wie heute, die Einfahrt zu einem Wohnhaus. Es ist erst später an seinen heutigen Ort gewandert: Der heilige Martin teilte seinen Mantel dereinst an der Wand des städtischen Krankenhauses, das der kleine Hans Schreck nicht nur von außen, sondern auch von innen kannte: „Als Junge habe ich mir das Bein gebrochen, das war 1961, und habe drei Monate in diesem Krankenhaus verbracht. Das waren damals noch Zwölfbett-Zimmer", berichtet er.

Bei dem genannten Krankenhaus handelte es sich um die sogenannten Städtischen Krankenanstalten in der Lamprechtstraße. Gebaut im Jahr 1824, waren dort Ende der 1980er-Jahre mehr als 500 Betten untergebracht und zahlreiche Aschaffenburger dürften hier das Licht der Welt erblickt haben. Das war ausgerechnet im geschichtsträchtigen Jahr 1989 zu Ende. Im Oktober zog das neue Krankenhaus von der Innenstadt an den Standort am Hasenkopf, für den man sich bereits 1970 entschieden hatte. Am 6. Oktober 1983 war der Spatenstich erfolgt. Nachdem die damals im Haus untergebrachten rund 200 Patienten umgezogen waren, gab es außer dem Bettler niemanden

Hans Schreck weiß, dass dieses Mosaik früher an einem anderen Ort beheimatet war.

mehr, den der heilige St. Martin schützen konnte. Geschaffen hat das Mosaik Alois Bergmann-Franken (1897-1965). Seine künstlerische

Laufbahn hatte in Aschaffenburg begonnen, wo er 1913 bis 1916 bei der Buntpapierfabrik Aschaffenburg eine Litografie-Lehre absolvierte, es folgte ein Studium an der Kunstgewerbeschule Mainz und an der Akademie der Bildenden Künste in München. Seine Professoren erkannten sein außergewöhnliches Talent, er bekam Stipendien unter anderem in Italien und Paris. Künstlerisch aktiv wurde er in Franken ab den 1930er-Jahren und das Mosaik am ehemaligen Krankenhaus ist mitnichten das einzige Werk, das er in Aschaffenburg schuf: Es gibt noch zahlreiche

Das Mosaik vom heiligen Martin ist eines der zahlreichen Werken des Künstlers Alois Bergmann-Franken.

weitere Mosaiken, Sgraffitos und Fresken. Der Liebe zu seinen Werken frönte er buchstäblich bis zum letzten Atemzug: Alois Bergmann-Franken starb am 16. März 1965, als er in Glattbach, seinem Heimatort, an einem Mosaik arbeitete.

Eva-Maria Bast

So geht's zum Mosaik:

Es befindet sich in der Durchfahrt des Gebäudes Lamprechtstraße 2b.

Für Monika Schmittner ist das Andriansplätzchen ein besonderer Ort: In herrlicher Natur erinnert die abgebrochene Sandsteinsäule an den sinnlosen Tod eines erst 17-jährigen Forsteleven.

07

Andrianssäule

Tödliches Duell in friedlicher Natur

A ls Kreisheimatpflegerin kennt Monika Schmittner viele außergewöhnliche Plätze in Aschaffenburg. Doch das Andriansplätzchen ist ein besonders magischer Ort, findet sie. Leicht erhöht liegt die Lichtung in der Fasanerie, nur wenige Schritte vom See entfernt. Aber nicht nur die friedliche Natur macht den Platz für Schmittner besonders. Auch die abgebrochene Sandsteinsäule in Baumstammform, die auf Gräbern oft als Symbol für ein zu früh beendetes Leben steht, trägt dazu bei. Und tatsächlich erinnert die Säule an einen jungen Mann, den im Alter von gerade einmal 17 Jahren der Tod ereilte: Anton Ferdinand Freiherr von Andrian-Werburg starb am 6. September 1824 in der Fasanerie bei einem Duell, dessen Umstände wohl nie ganz geklärt werden können.

Die Stationen seines Lebens sind aber bekannt und Monika Schmittner hat sich ausführlich mit seiner Biografie beschäftigt: Der junge Mann war am 10. März 1807 in Amberg in der Oberpfalz geboren worden. Bereits mit zehn Jahren verließ er das Elternhaus, um das Gymnasium in Neuburg an der Donau zu besuchen. Nachdem er das Abitur abgelegt hatte, nahm Anton Ferdinand Freiherr von Andrian-Werburg 1822 sein fortwissenschaftliches Studium an der „Königlich bayerischen National-Forstlehranstalt" in Aschaffenburg auf.

Für die angehenden Forstleute sei „neben dem Studium außer ihrer eigenen Gesellschaft kaum eine sinnvolle Zerstreuung" zu finden gewesen, schrieb Klaus Freiherr von Andrian-Werburg (1930-2004), ein Nachfahre des Getöteten und Archivar, 1998 in den *Mitteilungen aus dem Stadt- und Stiftsarchiv*. Nicht selten, so heißt es, entluden sich Spannungen in Prügeleien oder Zweikämpfen.

„Anton Ferdinand war ein ziemlicher Draufgänger", hat Monika Schmittner verschiedene Mosaiksteine zusammengefügt. Im Februar 1824 musste der junge Forsteleve zum Beispiel drei Tage im Karzer verbringen. Dabei verfasste er am 27. Februar 1824 ein Gedicht, das sich heute im Stadtmuseum befindet: „Des Lebens Frühling eilt dahin, / Beglückt, wer ihn genießt. / Wer nie aus Laun und Eigensinn / Der Freude sich verschließt; / Doch glücklicher, – wer beim Genuß / Sein Herz der Unschuld weiht, / Und Freundschaft, Liebe, Schmerz und Kuss / An seine Tugend reiht!"

Unterzeichnet ist das Gedicht mit den Worten „Zur freundschaftlichen Erinnerung meinem lieben Fränzchen. Lebe recht wohl, und vergiß nie deinen dich aufrichtig liebenden F u Br Ferdinand v. Andrian aus Stadt Kemnath". Die Widmung „Fränzchen" gab Anlass zu Gerüchten und Fehlinterpretationen. „Es wurde eine unglückliche Liebschaft zu einer Aschaffenburger Bürgertochter namens Franziska angenommen", erzählt Schmittner. Tatsächlich aber war das Gedicht an den Freund Franz Schmitt gerichtet. Welche Art der Freundschaft die beiden Männer pflegten, lasst sich ebenso wenig beantworten wie die Frage, ob darin der Grund des Duells lag.

Anton Ferdinand Freiherr von Andrian-Werburg war im Juni 1824 schon einmal in einen Zweikampf verwickelt gewesen, bei dem er eine Verletzung davontrug. Der Anlass dieser Auseinandersetzung liegt ebenso im Dunkeln wie bei dem tödlichen Duell am 6. September 1824. Sein Nachfahre, der Archivar Klaus von Andrian-Werburg, brachte den Austritt aus der Burschenschaft Arminia als einen möglichen Grund ins Spiel. Die Studentenverbindungen hatten auch an der Aschaffenburger Forsthochschule ein Sitten- und Ehrengericht eingeführt, um Streitigkeiten zu schlichten. Ziel war, dass sich der vor diesem Gericht Unterlegene bei der Gegenpartei entschuldigen sollte.

Allerdings gab es einen Ausweg, indem derjenige, der Abbitte leisten sollte, den Gegner zum Zweikampf herausforderte. In diesem Fall musste derjenige aber aus seiner Verbindung austreten. Zwischen Juli und Mitte August, also wenige Wochen vor seinem Tod, hatte der junge Forsteleve die Burschenschaft Arminia verlassen und sich der Landsmannschaft Bavaria angeschlossen.

Wem der junge Freiherr an seinem Todestag im Morgengrauen gegenüberstand, ist nicht geklärt. Die Fasanerie lag damals außerhalb des Stadtgebiets, war zwar mit einem Wagen erreichbar, aber trotzdem einsam – und damit ein guter Ort für ein Duell. Denn eigentlich war diese Form der Streitbeilegung verboten. In einer unbelegten Quelle heißt es, von Andrian-Werburg habe durch einen Stichdegen, einen sogenannten Pariser, einen tödlichen Stich erlitten, woraufhin die Teilnehmer

Die abgebrochene Sandsteinsäule in Baumstammform steht für ein zu früh beendetes Leben.

den Forsteleven liegen ließen und die Flucht ergriffen. Monika Schmittner geht davon aus, dass weder der junge Freiherr noch die anderen Teilnehmer damit rechneten, dass jemand getötet werden könnte: „Es war wohl Übermut."

Umso sinnloser wirkt der Tod, zumal der 17-Jährige erst kurz zuvor einen Erfolg verbucht hatte: Durch Archivaufzeichnungen hat der Nachfahre des Getöteten herausgefunden, dass Anton Ferdinand Freiherr von Andrian-Werburg am 3. September 1824 – und damit drei Tage vor seinem Tod – das Examen des zweiten Kurses in der

Forstlehranstalt bestanden hatte, wodurch er zur Aufnahme in die höhere Klasse befähigt war.

Verdächtigt, für den tödlichen Stich verantwortlich zu sein, wurde der Würzburger Student Johann Baptist Berg, der zum Zeitpunkt des Duells in Aschaffenburg weilte und danach mit seiner schnellen Abreise für Aufmerksamkeit sorgte. Da ihm nach der Verhaftung in Mainz jedoch nichts bewiesen wurde, kam Berg wieder auf freien Fuß. Wer letztlich für den Tod von Anton Ferdinand Freiherr von Andrian-Werburg verantwortlich war, blieb offen. „Wenn es Unterlagen gab, sind sie wohl verschwunden", bedauert Schmittner.

„Kaum ein Ereignis ist so geheimnisumwittert und hat so viele Interpretationen hervorgerufen."

Schon einen Tag später wurde der junge Freiherr auf dem Altstadtfriedhof beigesetzt. Schmittner findet das ungewöhnlich: „Normalerweise hätte er aufgebahrt oder zu seiner Familie überführt werden müssen." All das habe zu den Spekulationen beigetragen. Die Säule stellten die Kommilitonen der Landsmannschaft Bavaria auf, regelmäßig lässt die Familie sie renovieren. „Kaum ein Ereignis ist so geheimnisumwittert und hat so viele Interpretationen hervorgerufen", sagt Monika Schmittner, die oft an den sinnlosen Tod des jungen Forsteleven denkt, wenn sie am Andriansplätzchen vorbeikommt.

Caroline Wadenka

So geht's zur Andrianssäule:

Vom Fasaneriesee in Richtung Goldbach steht die Andrianssäule rechts auf einer Anhöhe.

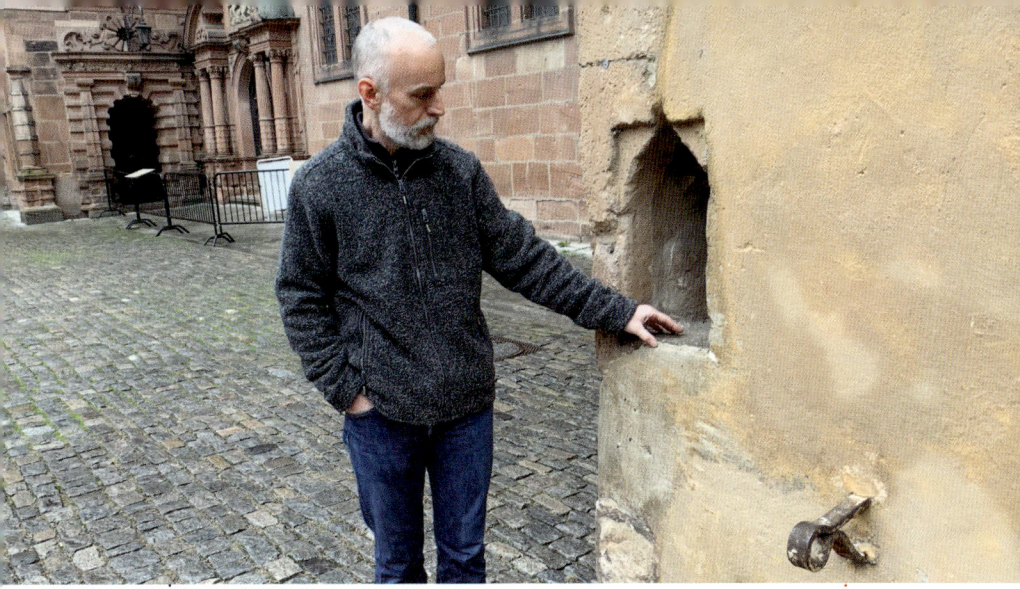

Über die Bedeutung dieser kleinen Nische haben schon viele Menschen gerätselt. Constantin Hoffbauer kann das Geheimnis lüften.

08

Nische

Hell leuchtet der Fackelschein

Wenn man sich dem Bergfried von Schloss Johannisburg mit Constantin Hoffbauer, Projektleiter für die Sanierung des Schlosses beim Staatlichen Bauamt, nähert, dann geht einem im wahrsten Sinne des Wortes ein Licht auf. Und das hat mit der kleinen Nische zu tun, die in etwa einem Meter Höhe an der zur Durchfahrt hin gelegenen Ecke in den Stein gehauen ist. Manch einer stand hier schon und rätselte, was es mit dieser Nische auf sich haben könnte. Constantin Hoffbauer hat eine ebenso simple wie logische Antwort: „Ich gehe sehr davon aus, dass das eine Lichtnische war, in der zu Burgzeiten eine brennende Pechschale oder etwas Ähnliches stand", erklärt er. Diese These werde durch den Umstand unterstrichen, dass man bei genauem Hinsehen ums Eck auf gleicher Höhe den zugemauerten und verputzten Rest einer weiteren Nische erkennen kann, sodass damals wohl das ganze Eck des Turms beleuchtet war.

Bis ins 19. Jahrhundert waren offene Flammen die einzige Möglichkeit, Licht zu erzeugen. Besonders verbreitet war lange Zeit der Kienspan, also ein stark verharztes, kleines Holzstück. Dieses Kienstück brannte allerdings in der Regel nur für ein paar Minuten und wurde dann später zur Fackel weiterentwickelt. Auch Pech oder Öl in Behältnissen waren gern verwendete Leuchtquellen. Im 18. Jahrhundert gönnten sich Adel und Bourgeoisie Bienenwachskerzen, die ärmere Bevölkerung nutzte Talg und Tran zur Verbrennung und damit zur Lichtgewinnung.

Ach, übrigens: Auf Sicherheit war man hinsichtlich der offenen Flammen schon damals bedacht. „Es sieht so aus, als ob die Nische von einem Gitter verschlossen war", sagt Constantin Hoffbauer und deutet auf ein kleines Metallteil, bei dem es sich wohl um den letzten Rest eines Scharniers handelt, das eine Tür hielt.

Die kleine Nische im großen Turm.

Erst im 19. Jahrhundert kam die Gasbeleuchtung ins Spiel. Am 1. April 1814 wurden in London erste Öllampen durch Gaslaternen ersetzt. Was man in der englischen Hauptstadt kann, kann man auch in Aschaffenburg: Hier leuchteten 1857 die ersten Gaslaternen. Der Frankfurter Unternehmer Carl-Knoblauch Dietz hatte ein städtisches Gaswerk gebaut, das er fortan betrieb, bis die Stadt Aschaffenburg es 1871 selbst übernahm. „Um die Jahrhundertwende waren über 40 Gasmotoren in Industrie und Handwerk sowie 340 gasbetriebene Straßenlaternen in Betrieb", heißt es 2007 in der *Kundenzeitschrift der Stadtwerke*.

Und gar nicht so viel später, am 1. Oktober 1907, ging dann auch Aschaffenburg ans Netz, als das Elektrizitätswerk im Leiderer Hafen seinen Betrieb aufnahm. Kein Geringerer als die renommierten Siemens-Schuckert-Werke waren Bauherren und Betreiber. „Bei den ersten Straßenlampen erzeugte ein Funke zwischen zwei Kohlenstäben ein besonders helles Licht", heißt es im Kundenmagazin. Doch auch, wenn die Elektrifizierung der Häuser zunächst zögerlich vonstatten ging und es nur 540 Elektrohausanschlüsse gab: 1927 leuchteten alle Gaslaternen in Aschaffenburg elektrisch und „ab 1933 sorgte die erste Ringleitung für den Strom dafür, dass bei den Aschaffenburgern jederzeit das elektrische Licht anging. Schon während des Ersten Weltkrieges war Aschaffenburg eine der wenigen Städte gewesen, die uneingeschränkt Strom hatten."

„Es sieht so aus, als ob die Nische damals von einem Gitter verschlossen war."

Und bevor all diese modernen Errungenschaften auf der Burg Einzug hielten, leuchtete am Bergfried eine kleine Pechschale.

Eva-Maria Bast

....

So geht's zur Nische:

Sie befindet sich im Innenhof von Schloss Johannisburg im Bergfried.

09

Freitreppe

Steinerner Aufgang mitten im Wald

A m Büchelberg versteht man besonders gut, warum Aschaffenburg den Beinamen „Tor zum Spessart" trägt. „Hier entlang!", ruft Klaus Herzog, einstiger Oberbürgermeister der Stadt. Über heruntergefallene Esskastanien, rotbraunes Buchenlaub und knubbelige Eicheln führt er den Gast auf dem Waldweg zu einem Anstieg, an dessen Ende sich plötzlich eine Treppe erhebt. Wie kommen die Steinstufen und das Metallgeländer hierher?

Taufrisch ist die Freitreppe nicht mehr. Moos hat sich auf dem Sandstein breit gemacht, Brombeeren ranken in die Seitenbereiche hinein. Am besten erhalten ist das Geländer, dessen Abschlüsse an Enterhaken erinnern. „Die Freitreppe ist das letzte Überbleibsel des Büchelberghauses, das hier bis 1963 stand", lüftet Herzog das Geheimnis um das steinerne Relikt.

Der Büchelberg war im 19. Jahrhundert ein beliebtes Ausflugsziel für die Aschaffenburger. „Damals war die Erhebung keineswegs so bewaldet wie heute, den Besuchern bot sich ein toller Blick", weiß Herzog dank alter Lithografien und der Beschreibung eines seiner Vorgänger, Adalbert von Herrlein (1798-1870). Dieser hatte in seinem Reiseführer *Aschaffenburg und seine Umgebung – Ein Handbuch für Fremde* 1849 geschrieben, dass sich vom Büchelberg „die weiteste Aussicht, die man in der Nähe Aschaffenburgs findet", genießen lasse.

„Hier wurden richtige Wald- und Volksfeste gefeiert", erzählt Herzog. 1840 zum Beispiel habe auf dem Büchelberg aus Anlass des Geburtstags der bayerischen Königin Therese (1792-1854) ein Fest der Bürger und des Hofstaats stattgefunden. Königin Therese und ihr Mann König Ludwig I. (1786-1868) waren Aschaffenburg sehr verbunden und lebten zeitweise sogar im Schloss Johannisburg.

Der beliebte Ausflugsort im Grünen entwickelte sich weiter: Um 1840 wurde hier ein Häuschen im Wald errichtet. 1885 war der Büchelberg Schauplatz eines allgemeinen Volksfestes. „Ganz zu schweigen

Klaus Herzog umfasst das massive Metallgeländer der Freitreppe am Büchelberg.

von den vielen Spaziergängern, die hierher kamen, um die Aussicht zu genießen", sagt Herzog.

Der Büchelberg war damals nicht der einzige Ausflugsort in der näheren Aschaffenburger Umgebung, an dem sich Natur erleben ließ. Vom benachbarten Godelsberg bot zum Beispiel die Teufelskanzel einen spektakulären Ausblick auf Aschaffenburg. Auf der Kuppe des Godelsbergs ließ der Unternehmer Adam Kipp eine künstliche Ruine, die sogenannte Kippenburg errichten, die sich ebenfalls zum Ausflugsziel entwickelte. „Das waren damals Begegnungsorte für das Bürgertum in der Natur." Das Bedürfnis nach Naturerlebnissen erklärt Herzog, der Literatur, Politik und Geschichte studiert hat, als „Reflex auf die Industrialisierung". „Als die ersten Schlote aufkamen, wollten die Menschen auf diese Weise die alte Zeit festhalten."

„Das waren damals Begegnungsorte für das Bürgertum in der Natur."

Das eigentliche Büchelberghaus, von dem heute noch die Treppe zu sehen ist, ließ der Verschönerungsverein 1891 bauen. 1200 Mark hatte der Glockengießer und spätere Auswanderungsagent Matthias Sebastian Bustelli (1822-1887) dem Verein vermacht, 2000 Mark schoss die Stadt zu, ein Kredit sicherte weitere 2000 Mark. Darüber hinaus wurden Anteilsscheine verkauft.

Klaus Herzog kennt das Büchelberghaus nur von Postkarten, selbst besucht hat er es nicht, als es noch stand. Dank der Abbildungen weiß er, wie romantisch es ausgesehen hatte: „Das Büchelberghaus hatte den Stil eines Schweizer Chalets. Es verfügte über einen Turm mit auffälligem Helm, eine Holzveranda und war in Fachwerk gebaut." Bei der Eröffnungsfeier am 14. Juni 1891 sorgte ein Jagdbataillon für Musik, ein Festgedicht wurde vorgetragen und am Abend war das Haus mit besonderer Beleuchtung in Szene gesetzt.

1897 wurde im Turm ein Fernrohr installiert, 1913 erst erhielt das Haus eine Wasserleitung und ein Pumpwerk. „Wegen der Wohnungsnot nach dem Ersten Weltkrieg wurde wie an anderen Stellen auch in dieses Gebäude eine Wohnung eingebaut", hat Herzog nachgelesen. 1921 übernahm die Stadt das Büchelberghaus vom Verschönerungsverein und wandelte es in eine öffentliche Gaststätte um. Nach dem

Zweiten Weltkrieg war das Ausflugslokal in den Händen der Amerikaner, wurde aber nicht enteignet. Der Zustand des Gebäudes hatte im Lauf der Jahre gelitten: Gutachten bemängelten die Wasserversorgung als untragbar, den Dachstuhl als vom Holzwurm zerfressen und die Ausmauerung, Fenster und Wärmedämmung als erneuerungsbedürftig. Da auch Probleme mit der Statik festgestellt wurden, kam es letztlich Anfang der 1960er-Jahre zum Abbruch des Gebäudes im Grünen. „Nur die Treppe und die Fundamente sind heute noch zu erkennen", bedauert der einstige Oberbürgermeister.

Pläne, den Ausflugsort Büchelberg wiederzubeleben, gab es laut Klaus Herzog zwar. Verwirklicht wurde davon aber bislang nichts. Und so bleibt die Freitreppe als Erinnerung an eine Zeit, in der der historische Grünzug um Aschaffenburg einen ganz besonderen Stellenwert hatte. Sich daran zu erinnern und die Grünanlage zu erhalten, ist dem einstigen Stadtoberhaupt wichtig: „Ich finde mein Glück immer in der Natur."

Caroline Wadenka

....
So geht's zur Freitreppe:

Die Freitreppe befindet sich am Büchelberg. Um dorthin zu gelangen, nimmt man von der Alois-Alzheimer-Allee den Abzweig zur Berliner Allee. Im Wald beschreibt der unasphaltierte Weg eine Kurve. Hier biegt man links ab und folgt wenig später dem Spessartweg 1 nach rechts in den Wald. Nach ein paar hundert Metern liegt die Freitreppe links leicht bergan.

Haken und Rollen

Ein bisschen Komfort in luftigen Höhen

„Sehen Sie das?", fragt Monika Spatz. Sie steht im Innenhof von Schloss Johannisburg und zeigt am Bergfried weit nach oben. „Dort neben dem Fenster", präzisiert die Gästeführerin. Und tatsächlich: Bei genauem Hinsehen kann man dort am oberen und am unteren Rand zwei Eisenhaken und -rollen ausfindig machen. „Sie waren dazu da, der Türmerfamilie, die dort oben wohnte, das Leben zu erleichtern." Doch bevor die Autorin heimatkundlicher Bücher die genaue Bestimmung der Haken und Rollen näher ausführt, will sie zunächst noch über die Arbeit des Türmers im Allgemeinen und die des letzten Türmers Adam Sternecker (1844-1930) im Besonderen berichten.

„Adam Sternecker war eigentlich Gärtner", beginnt sie die Geschichte zu erzählen. Nach der Schule hatte der Bub aus Leider im Schönbusch gelernt, und seine Dienste waren vom Schloss sehr oft in

Anspruch genommen worden. Schon früh träumte der junge Mann davon, einmal auf Schloss Johannisburg leben zu dürfen – ein Traum, der sich erfüllen sollte: Als er im Jahr 1871 die ebenfalls aus Leider stammende Elisabeth Fischer heiratete, stellte die königlich-bayerische Regierung der jungen Familie eine Wohnung im Torflügel zur Verfügung. Vier Kinder wurden geboren: Katharina, genannt Käthchen, Anna, Sabine und Eva. Als im Jahr 1897 sein Vorgänger Andreas Hack starb, wurde Adam Sternecker Turmwächter und zog mit seiner Familie in die Türmerwohnung im Bergfried. „Die Wohnung hatte vier kleine Türmchen und der Prinzregent hat damals gesagt: Dann ist es für jede Tochter eines", fährt Monika Spatz fort. 33 Jahre lang lebte die Familie hier oben, Freizeit gab es kaum: Stündlich musste Adam Sternecker die Glocke läuten. Zwar habe ihn die Familie unterstützt, vor allem auch nachts, aber gemeinsame Ausflüge, die länger als eine Stunde dauerten, waren undenkbar. „Sieben Tage die Woche, zwölf Monate durch, die hatten nie frei", unterstreicht Monika Spatz die Anstrengungen. „Gleichzeitig war Adam Sternecker auch Kastellan für die Kapelle."

Neben dem stündlichen Läuten gehörte es zu den Aufgaben des Türmers, nach Bränden in der damals 22.000 Einwohner zählenden Stadt und der Umgebung Ausschau zu halten. „Wenn er einen Brand entdeckte, läutete er die Feuerglocke. Das Seil zum Läuten hing direkt im Wohnzimmer aus der Decke", erzählt die Autorin weiter. Um die Richtung, in der es brannte, weithin sichtbar zu machen, hängte er bei Tag eine große Fahne aus demjenigen Fenster seines Turms, in dessen Himmelsrichtung sich der Brand befand, in der Nacht waren es große Laternen. Bei zahlreichen Bränden, großen und kleinen, konnte er so helfen. Und auch der Türmer selbst und seine Familie waren hoch oben in ihrer Wohnung zumindest ein wenig vor Bränden geschützt: „Im Stockwerk unter der Wohnung befand sich eine mit Wasser gefüllte Badewanne für den Fall der Fälle", erzählt Monika Spatz. Den Töchtern verboten die besorgten Eltern allerdings strengstens, in deren Nähe zu spielen, zu groß war ihre Angst, eins der Kinder könne ertrinken.

Wenn die Badewanne den Bewohnern auch bei möglichen Bränden geholfen hätte – vor dem Erdbeben im November 1911 konnte das eingelassene Wasser freilich nicht schützen. Das Erdbeben wirkte sich auf den Turm wie folgt aus: Fenster klirrten, Bilder rutschten in Schräglage und der Glockenstrick im Wohnzimmer, mit dem die Feuerglocke betätigt wurde, hing schief. „Die Sterneckers hatten natürlich furchtbare Angst, dass der Turm einstürzt", erklärt Monika Spatz. Doch ein Bergfried, der den Markgräflerkrieg im Jahr 1552 überstanden hatte, ließ sich von einem Erdbeben nicht in die Knie zwingen: Alles ging gut, die Türmerfamilie konnte aufatmen.

Hoch oben am Turm befinden sich Haken und Rollen. Monika Spatz weiß, warum.

1914 brach der Erste Weltkrieg aus und Adam Sternecker erhielt nun noch eine weitere Aufgabe: Er sollte von seinem Turm aus vor dem Herannahen feindlicher Flieger warnen.

Als am 26. Mai 1926 eine moderne Feuermeldeanlage in der Stadt eingerichtet wurde, hatte Adam Sternecker ausgedient. Nun konnte von mehreren Stellen in der Stadt automatisch Alarm gegeben werden. Man bot ihm und seiner Familie eine attraktive Wohnung ein paar Etagen weiter unten an, doch der alte Mann wollte in „seinem" Turm wohnen bleiben und war noch für die Turmuhr zuständig, bis ihm, der in seinen 33 Dienstjahren über 280.000 Mal die Stunde geläutet hatte, selbst sein letztes Stündlein schlug – am 23. Juni 1930, seine Frau folgte ihm im Jahr darauf.

Damit war die Ära der Sterneckers auf Schloss Johannisburg aber nicht zu Ende: „Zwei seiner Töchter, Käthchen und Anna, hatten nie geheiratet und blieben im Turm wohnen. Sie führten den Dienst in der Kapelle noch nach dem Krieg weiter", berichtet Monika Spatz. Ohnehin waren die Töchter schon zu Lebzeiten der Eltern sehr am königlichen Hof engagiert – besonders dann, wenn Ihre Königlichen Hoheiten sich nach Aschaffenburg bemühten. Dann half die ganze Familie bei den Vorbereitungen mit. „Anna Sternecker, die ihr ganzes Leben bis ins hohe Alter im Bergfried wohnte, war gelernte Modistin und Kammerfrau der Wittelsbacher und ob dieser Aufgabe von ihren Freundinnen viel beneidet", schreibt Monika Schmittner in ihrem Aufsatz *Erinnerungen an die letzte Aschaffenburger Türmerfamilie Sternecker*. Und der König war so dankbar für ihre Dienste, dass er Anna nach München einlud und ihr eine Brosche schenkte. Auch Annas jüngere Schwester Sabine half mit und Monika Schmittner schreibt: Sie „erinnerte sich noch im hohen Alter, dass es bei Königs zum Fleisch Gurkensalat mit Rettich gab. Das Essen wurde von der Küche aus über den Schlosshof getragen und vor dem Speisesaal im ersten Stock auf einem Ofen nochmals aufgewärmt."

Von hier aus lässt sich auch wunderbar der Bogen spannen zu den beiden Haken und Rollen neben dem Fenster hoch oben am Bergfried: „Das ist ein Flaschenzug, über den die Familie einen geflochtenen Henkelkorb nach unten ließ. Es wurden damit Post und Einkäufe, Essen und Trinken nach oben transportiert", lüftet Monika Spatz das Geheimnis. „Damit ersparte man sich die 136 Stufen nach unten und anschließend wieder nach oben, um die Ware in Empfang zu nehmen." Etwas Entlastung für die Türmerfamilie also, die ein durch die Arbeitsbedingungen sonst doch eher anstrengendes Leben führte. Ein kleines Stück Komfort – hoch oben im Aschaffenburger Himmel.

Eva-Maria Bast

....

So geht's zu den Haken und Rollen:

Die Haken und die Rollen für den Flaschenzug befinden sich am Osttürmchen des Bergfrieds im Innenhof von Schloss Johannisburg, Schlossplatz 4.

Zifferblatt

Als die Uhren anders gingen

*E*in Leben ohne Zeitmessung und Uhren erscheint uns heutzutage unvorstellbar. Ob Handy oder Armbanduhr: Mehrmals am Tag schauen wir nach, wie spät es ist. Den Grundstein für die sonnenunabhängige Zeitmessung in Aschaffenburg legten im 16. Jahrhundert die ersten mechanischen Uhren. Das Zifferblatt eines der ersten Modelle prangt noch heute am nordöstlichen Turm im Innenhof von Schloss Johannisburg. „Damals war das ein technisches Wunderwerk", sagt Uwe Arnold, der als Ingenieur im Maschinenbau zuhause ist und sich für historische Technik interessiert. Er weiß, weshalb das Zifferblatt ein Wappen ziert – und dass trotz der schönen Gestaltung damals noch lange nicht alles Gold war, was glänzte.

Bis vor rund 500 Jahren orientierten sich die Aschaffenburger an den Jahreszeiten, an Tag und Nacht und an Sonnenuhren. Ab 1517 ist die erste mechanische Uhr auf der Stiftskirche zweifelsfrei belegt, die wohl erste öffentliche Uhr der Stadt. 1591 folgte die Uhr im Schlosshof, die zunächst in den Bergfried eingefügt und später in den nordöstlichen Treppenturm eingebaut wurde. Am unteren Rand des Zifferblatts ist diese Jahreszahl erkennbar, die Buchstaben links und rechts der Jahreszahl sollen die Initialen des Uhrmachers sein. Das Wappen des damaligen Mainzer Erzbischofs und Kurfürsten Wolfgang X. von Dalberg (1537-1601) ziert es oben.

Uwe Arnold findet die Zeiger sowie die Stundeneinteilung bemerkenswert. Auf dem äußeren Ring sind die Stunden mit römischen Ziffern markiert, wobei die Vier nicht als IV geschrieben wird, sondern als IIII, um eine ästhetische Balance zur VIII zu erreichen. Innerhalb des Stundenrings gibt es einen zweiten kleineren Ring, der die Viertelstunden angibt. In der Mitte des Zifferblatts prangt eine große Sonne, um die der Stunden- und Minutenzeiger laufen. Die Spitzen der Zeiger bilden blattartige Formen, als Gegengewichte zum Ausba-

Uwe Arnold sagt, dass die mechanische Uhr im Schloss Ende des 16. Jahrhunderts deshalb so geschmückt wurde, weil sie etwas Besonderes und Neuartiges war.

lancieren dienen Halbmonde. „Eben weil die mechanische Uhr damals so etwas Besonderes war, ist das Zifferblatt so überfrachtet", findet Uwe Arnold mit Blick auf die vielen Verzierungen und teils großen Darstellungen, die seiner Ansicht nach auf Kosten der Lesbarkeit der Uhr gehen.

Das einfachste und älteste Prinzip, wie mechanische Uhren damals am Laufen gehalten wurden, beschreibt Arnold so: Um den Schwerkraftantrieb in Gang zu setzen, musste ein Gewicht hochgezogen werden, das an einem Seil oder einer Kette hing. Dann lief das Gewicht innerhalb einer bestimmten Zeit ab und trieb das Antriebsrad des Uhrwerks für eine Weile an. Anschließend musste es neu aufgezogen werden. Zuständig dafür waren oft sogenannte Türmer, die mit ihrer Familie für „ihre" Uhr lebten. Viele mechanische Uhren hatten Schlagwerke, die zu bestimmten Zeiten ausgelöst wurden und ein Signal abgaben.

Reich verziert ist das Zifferblatt aus dem 16. Jahrhundert, das zu einer der ersten mechanischen Uhren in Aschaffenburg gehörte.

Die Uhren an der Stiftskirche und am Schloss waren Ende des 16. Jahrhunderts wohl nicht die einzigen in der Stadt. Und obwohl sie für eine eindeutige Zeitangabe sorgen sollten, stifteten die Geräte offenbar viel Verwirrung, weil sie unterschiedliche Zeiten anzeigten. 1617 wies Erzbischof und Kurfürst Johann Schweikard von Kronberg (1553-1626) den geistlichen Kommissar an, dass die Stadt-, Stifts- und Kirchenuhren besser aufeinander abgestimmt sein sollen. Als Ursache dafür, dass die Uhren in der Stadt unterschiedlich tickten, wurde ermittelt, dass die Sonnenuhr am Marktturm, auf die der Schlaguhrsteller zu achten hatte, auf einen fal-

46

schen Breitengrad ausgerichtet war. Die Einstellung wurde zwar geändert, doch das Problem der mangelhaft abgestimmten Uhren in Aschaffenburg blieb bestehen.

Im April 1807 wurde verfügt, dass die Stadtuhren nach der Schlossuhr zu richten seien. Sollten die Uhren nicht übereinstimmen, würde eine Strafe fällig, „da dieses einen so wesentlichen Einfluß auf öffentliche sowohl als häusliche Geschäfte hat", zitiert der Historiker und frühere Leiter des Aschaffenburger Stadt- und Stiftsarchivs Hans-Bernd Spies aus einer Anordnung des damaligen Fürstprimas Karl Theodor von Dalberg (1744-1817). Die Bevölkerung wurde aufgefordert, bei entsprechenden Beobachtungen Anzeige zu erstatten. Doch schon im Oktober desselben Jahres stellten die Behörden erneut fest, dass die Uhren der Stadt abweichende Zeiten anzeigten.

Als wäre dieser Zustand nicht schon ärgerlich genug, entstand 1854 mit der Zuglinie nach Hanau und Würzburg eine noch unübersichtlichere Situation: Denn die Eisenbahnzeit war auf München eingestellt, die etwa zehn Minuten vor der Aschaffenburger Ortszeit ging. Wie kam es dazu? Die Aschaffenburger Ortszeit bezog sich auf den Längengrad: Mit 9 Grad 8 Minuten und 55 Sekunden östlicher Länge beträgt der Unterschied zum 15. Längengrad, auf den die heute gebräuchliche mitteleuropäische Zeit bezogen ist, 23 Minuten und 28 Sekunden. Die Aschaffenburger Uhren gingen demnach fast eine halbe Stunde nach. Die Münchner Ortszeit, die in den Fahrplänen angegeben war, ging ihrerseits gegenüber der mitteleuropäischen Zeit um 13 Minuten nach. Dadurch ergab sich ein Zeitunterschied von zehn Minuten zwischen der Aschaffenburger Ortszeit und der Eisenbahnzeit. „Bahnreisende mussten das berücksichtigen, wenn sie ihren Zug rechtzeitig erwischen wollten", erzählt Uwe Arnold.

Dass das keineswegs reibungslos funktionierte, davon zeugt ein Leserbrief aus dem Jahr 1876 in der damaligen *Aschaffenburger Zeitung*, den Historiker Hans-Bernd Spies in seinem Buch über *Zeitrechnung und Kalenderstile in Aschaffenburg und Umgebung* anführt. Wegen der unterschiedlichen Zeitmessung am Bahnhof Aschaffenburg ist dem Fahrgast der Zug weggefahren: „Ich selbst bin dadurch heute früh zu längerem Aufenthalt in dieser Stadt gezwungen worden, da ich nach Stadtzeit noch einige Minuten vor Ablauf des Zugs mit gelöstem Billet, mit der Bestellung meines Gepäcks beschäftigt, den Zug vor der Nase vorbeifahren sehen mußte und noch dazu auf meine Beschwerde den Bescheid erhielt, die Uhr sei nach Münchener Zeit gestellt worden."

Das moderne Reisen mit der Eisenbahn ließ letztlich die Erkenntnis reifen, dass es einer einheitlichen Zeitmessung bedarf. Ende 1891 unterzeichnete der Vorsitzende des bayerischen Ministerrats, also der damalige Ministerpräsident Friedrich Krafft von Crailsheim (1841-1926) einen Beschluss, wonach eine einheitliche Eisenbahnzeit einzuführen sei, die sich auf den 15. Meridian östlich von Greenwich bei London beziehen sollte. Nur wenig später schloss sich auch Aschaffenburg dieser Vereinbarung an, alle öffentlichen Uhren nach der neuen Zeitrechnung zu regulieren. Seit dem 1. April 1892 gilt für die Aschaffenburger Uhren die Einheitszeit, also die heutige mitteleuropäische Zeit. In ganz Deutschland wurde sie übrigens erst am 1. April 1893 als gesetzliche Zeit eingeführt.

Das prächtige Zifferblatt im Schlosshof erzählt für Uwe Arnold jedenfalls von einer Epoche, als die Uhren noch ganz anders gingen – und die Zeitmessung noch nicht den heutigen Stellenwert hatte. Besonders fasziniert den Ingenieur, dass die alte mechanische Uhr nur wenige Kilometer vom Ausgangspunkt der ganz modernen Zeitmessung zu finden ist. „Denn heutzutage versorgt der Langwellensender in Mainflingen nahe Aschaffenburg die meisten Funkuhren im westlichen Europa mit der gesetzlichen Uhrzeit."

Caroline Wadenka

....

So geht's zum Zifferblatt:

Das Zifferblatt der mechanischen Uhr von 1591 ist im Innenhof von Schloss Johannisburg zu sehen. Wer durch den Haupteingang auf das Gelände kommt, findet es auf dem rechts hinten gelegenen Treppenturm (rechts neben dem Bergfried).

*Hans Lang hat den kleinen Kopf richtig gern – auch, wenn
der eher die Zähne fletscht, als zu lächeln.*

12

Flennels

Der Mann mit den gefletschten Zähnen

Nein – als würde er einem freundlich entgegenlächeln wirkt
er nicht, der Kopf an einem Eckhaus in der Metzgergasse.
Dazu sind die Mundwinkel zu wenig nach oben gebogen
und dazu sieht man zu viele kleine, spitze Zähne im Mund
des Männleins. Eher ist es, als würde der Mann die Zähne fletschen.
Und er soll ja auch gar nicht nett aussehen. Er soll abschrecken. „Manche halten ihn für einen kleinen Teufel – wegen der beiden Hörnchen,
die rechts und links aus seinem Kopf ragen", sagt Hans Lang, der, bevor
er in den Ruhestand ging, Buchdrucker war und auf dem Weg zu seiner Druckerei immer an dem Steinkopf vorbeikam. Bei ihm zumindest hat das Steingesicht seine Wirkung verfehlt, denn es vermochte
den geschichtsinteressierten Aschaffenburger mitnichten abzuschrecken und ihn somit dazu zu bewegen, einen anderen Weg zu wählen.

Im Gegenteil: Lang fand den Kerl irgendwie sympathisch, begann sich näher mit ihm zu beschäftigen und brachte auch eine Menge heraus. Zum Beispiel, dass es sich gar nicht um Teufelshörnchen, sondern um eine Narrenkappe handelt. Und dass der Steinerne ursprünglich nicht an dem 1338 erstmals erwähnten Haus, in dem sich zeitweise die Schule der Muttergottespfarrei befand, angebracht war, sondern vermutlich an einem der zahlreichen – und weitgehend nicht mehr vorhandenen – Aschaffenburger Stadttore. Und da hatte er eben die Aufgabe, eine bestimmte Menschengruppe abzuschrecken. Alois Grimm schreibt dazu in einer Fußnote seiner *Häuserbücher*: „Dieses Zeichen an den Toren und Eingängen der Städte und Dörfer sollte das fahrende Volk abweisen, wandernde Musikanten, Gaukler und Zigeuner vor dem Betreten der Gemeinden warnen, daß empfindliche Strafen bei Nichtbeachtung dieses Verbotszeichens auf den Übeltäter warteten. Teilweise waren auf den Flennelssteinen noch Beizeichen wie Besen (als Symbol der zu erwartenden Strafe, des Stäupens) oder beschriftete Bänder angebracht, die helfen sollten, die unliebsamen Besucher zu vertreiben."

Der „Flennels" hatte einst eine wichtige Aufgabe.

Ein Gaukler aus Stein sollte also echte Gaukler vom Betreten der Stadt abhalten. Das folgt der uralten Tradition der Neidköpfe, finster dreinblickende Fratzen, deren Aufgabe es war, das Böse abzuwehren: Diese Köpfe finden sich in vielen Städten, und in den allermeisten Fällen sind sie nach Westen ausgerichtet, da man in der Antike und auch noch im Mittelalter davon ausging, dass das Böse aus der Himmelsrichtung des Sonnenuntergangs und der Dunkelheit kommt. Diese „apotropäische", Unheil abwehrende Handlung folgte dem Grundsatz „Gleiches gegen Gleiches". Will heißen: Dämonen kann man durch Dämonen vertreiben

– und Gaukler, wie im Aschaffenburger Fall, eben mit Gauklern. Das Wort „apotropäisch" leitet sich aus dem Griechischen ab: Apotropäische Götter (apotrópaioi theoí) waren gefürchtet, weil sie angeblich Böses verursachen konnten. Der Grundsatz, Gleiches mit Gleichem zu beheben, wird auch an Silvester beherzigt. Schon in vorchristlicher Zeit vertrieb man böse Geister durch Lärm und Feuer. So entstanden auch die Neidköpfe, die mit ihrem – meist finsteren – Blick Dämonen und böse Geister abhalten sollten, die man im

„Manche halten ihn für einen kleinen Teufel – wegen der beiden Hörnchen, die rechts und links aus seinem Kopf ragen."

Westen wohnend wähnte. Der Begriff „Neidkopf" bedeutet übrigens nicht, dass der Kopf irgendjemandem etwas geneidet hätte: Er leitet sich vom mittelhochdeutschen Wort „nîd" ab. Und das steht zwar für Neid, aber auch für Hass und Zorn. Und Flennels – denn so heißt der Aschaffenburger Kopf in der Fachliteratur? Auch dieser Frage ist Hans Lang auf den Grund gegangen und konstatiert: „Das bedeutet nicht, dass der Kopf flennen, also weinen, würde: „Sich flennen" stand ursprünglich für ‚sich verzerren'." Und verzerrt wirkt das Gesicht des Steinernen wirklich. Denn den Mund in diese Haltung zu bringen und so viele Zähne gleichzeitig zu zeigen – das kriegt sicherlich niemand entspannt hin.

Eva-Maria Bast

....

So geht's zum Flennels:

Der Kopf befindet sich an der Gebäudeecke des Hauses Metzgergasse 15/Pfarrgasse.

13

Burgportal

Ein Denkmalpfleger als Detektiv

Es gibt Momente, die vergisst man nie. Einen solchen Moment bescherte das Leben Constantin Hoffbauer, seines Zeichens Projektleiter für die Sanierung von Schloss Johannisburg im Staatlichen Bauamt Aschaffenburg, im Mai 2018. Die Umbauarbeiten waren in vollem Gange – für die neue Hofbibliothek wurden im Nordostflügel Abbrucharbeiten vorgenommen. „Wir wussten aus alten Plänen, dass sich dort ein Durchgang befinden muss", sagt er. Die Abbruchfirma rückte dem verputzten alten Gemäuer kräftig zu Leibe, und da sah Hoffbauer es plötzlich: dicke, alte Steinquader.

„Das sind Augenblicke, in denen das Herz eines Architekten mit Vertiefungsrichtung Denkmalpflege schneller schlägt", blickt er zurück. „Ich habe die Abbruchfirma sofort gebeten, die Arbeit einzustellen, und die Restauratoren geholt." Die Fachleute gingen dann ganz vorsichtig ans Werk und legten ein Portal frei, das sich als Sensation erwies. Warum das? Es war doch bekannt gewesen, dass sich an dieser Stelle ein Durchgang befand? „Wir waren bisher davon ausgegangen, dass es sich um einen einfachen Durchgang aus der Ridinger-Zeit handelt", sagt er. Der Straßburger Architekt und Baumeister Georg Ridinger (1568-1617) hatte das Schloss ab 1605 im Auftrag des Mainzer Erzbischofs Johann Schweikard von Kronberg (1553-1626) gebaut (siehe Geheimnis 33). „Aber dieses Portal ist deutlich älter", fährt Hoffbauer fort. „Es stammt noch aus der Burgzeit, dem 13. Jahrhundert. Und damit ist bewiesen, dass von der Burg, also dem Vorgängerbau des Schlosses, noch viel mehr stehen blieb als, wie lange Zeit angenommen, nur der Bergfried."

Dass es auch nach der Zerstörung im Markgräflerkrieg 1552 noch Leben in der Burg gab, wusste Hoffbauer aber schon länger – durch einen ähnlichen Zufall wie jenen, bei dem nun das Portal entdeckt wurde: In den 1980er-Jahren sollten eigentlich nur die verstopften

Constantin Hoffbauer hat das alte Tor entdeckt und freilegen lassen.

Abflüsse im Schlosshof saniert werden. „Und da sind, direkt unter dem Pflaster, neben Fundamentresten der Burg, auch Ofenkacheln zutage getreten, die Erzbischöfe aus der zweiten Hälfte des 16. Jahrhunderts zeigen, also aus einer Zeit, in der man dachte, die Burg sei vollkommen zerstört. Die Kacheln waren ein Beweis, dass in der Burg noch Öfen in Betrieb waren, dass sie also nicht ganz zerstört und noch bewohnt war", fasst der Denkmalpfleger zusammen.

Dass sich dieses Leben nicht nur auf den Bergfried beschränkte, sondern noch weitere Gebäudeteile standen, wurde nun durch den spektakulären Fund des Portals deutlich. Durch das genaue Studium der Pläne bestätigte sich dann auch, dass die Wand, in der das Portal eingelassen ist, etwa 40 Zentimeter dicker ist als die restlichen Wände in Ridingers sonst so durch und durch streng symmetrischem Bau. „Es sind also noch Wandscheiben stehengeblieben", schlussfolgert Hoffbauer. Und er kann auch mit Gewissheit sagen, dass es sich bei dem Portal um ein Außenportal handelte und nicht, wie heute, um einen Durchgang zwischen zwei Innenräumen. „Man sieht an den Quadersteinen ganz deutlich Windschliff und Schlagregenbeanspruchung", erklärt er. Durch die Art und Weise, wie der Wind den Stein geschliffen hat, kann der Denkmalpfleger auch erkennen, dass direkt neben dem Tor im rechten Winkel – wie heute auch – eine weitere Wand gestanden hat. „Der Wind hat sich in dieser Ecke gedreht und den Stein geschliffen." Und noch etwas kann er herauslesen: „Die Wand um das Tor herum war

Dieses Portal ist eine Sensation – und liefert den Beweis, dass noch mehr von der alten Burg stehenblieb als „nur" der Bergfried.

wohl einst verputzt. Das sieht man daran, dass die Quadersteine gegenüber dem restlichen Mauerwerk stärker hervortreten. Sie lagen frei,
der Rest unter Putz."

Hoffbauer vermutet, dass die Reste der Burg den Bauarbeitern als
Heim dienten, während sie unter Ridinger das Schloss bauten. Der
nutzte das nun freigelegte Portal übrigens, um die Herrenküche, in der
die Speisen für die hohen Herrschaften zubereitet wurden, mit der
Reiterküche, die zur Versorgung des berittenen Hofstaates diente, zu
verbinden.

Der Durchgang muss bis zur Zerstörungszeit 1944/1945 durchgängig gewesen sein, wahrscheinlich als schlichte Tür, da die andere
hausinterne Verbindung von Kapellen- und Stadtflügel erst über eine
nachweislich in der Nachkriegszeit entstandene Türöffnung erfolgt ist.
Erst danach wurde er geschlossen.

Und die erneute Veränderung im Jahr 2018 bringt ihn nun wieder
zum Vorschein, diesen verborgenen Schatz, dieses einzigartige Tor.
Wenn man es durchschreitet, geht man durch jahrhundertealte
Geschichte. Wie passend, dass sich ganz in der Nähe die Hofbibliothek,
mit all ihrer Literatur zu Aschaffenburg befindet. Denn die Menschen,
die nun durch dieses Tor gehen, beschäftigen sich genau damit: der
Geschichte Aschaffenburgs im Allgemeinen. Und der von Burg und
Schloss Johannisburg im Besonderen.

Eva-Maria Bast

....

So geht's zum Burgportal:

*Wenn man Schloss Johannisburg von Nordosten aus – also von der zur
Stadthalle hin gelegenen Seite – betritt, passiert man im Durchgang
den Eingang zur Hofbibliothek. Kurz bevor man in den Schlosshof
kommt, ist das Portal durch das große Glasfenster auf der rechten Seite
zu sehen.*

14

Hochwassermarke
Die Kraft des nassen Elements

21. März 1845. 20. Apr 1782. 3. Feb 1909: Ein Datum über dem anderen steht auf der Mainseite des Theoderichstors geschrieben. Joachim Pfeifer kennt jedes einzelne. Und er weiß, dass an jedem dieser Tage in Aschaffenburg große Aufregung herrschte: Es handelt sich um Hochwassermarken, die anzeigen, welchen Wasserstand der Main jeweils hatte. „Hochwassermarken finden sich in vielen Städten und Ortschaften an den Flüssen, meist mehr oder weniger versteckt, oft unauffällig – wie die am Theoderichstor", sagt der ehemalige Mitarbeiter des Wasserwirtschaftsamts. Und er fährt fort: „Auffällig an den Daten ist, dass sie häufig in der kalten Jahreszeit anzusiedeln sind. Das liegt daran, dass die meisten Hochwasser im Winter auftreten, verstärkt durch vorausgegangenen starken Schneefall, plötzlich einsetzendes Tauwetter mit Regen auf gefrorenem Boden und Eisabtrieb an den Flüssen."

Gerade in früheren Zeiten seien die Brücken teilweise noch sehr eng und niedrig gewesen. Wenn dann noch abtreibendes Stammholz dazukam, konnte an einer Brücke schon mal eine Art Damm entstehen. Zumal die Winter damals ja noch kälter waren, und auch Eis den Main hinabschwamm. Traf eine solche Eisscholle auf eine verstopfte Brücke, trug auch sie dazu bei, dass der Weiterfluss verhindert wurde und fror möglicherweise sogar mit hinter ihr treibenden Eisschollen zusammen. Wobei das Eis nicht nur eine Gefahr darstellte (siehe Geheimnis 18), sondern auch Vergnügen bot. Über ein Hochwasser aus dem Jahr 1845 berichtete das *Intelligenzblatt* zum Beispiel: „Nach einem starken Eisgang im Monat Januar ging bei einer strengen Kälte und ungeheurem Schneefall im Februar der Main wieder zu. Bei anhaltender Kälte erlangte das Eis eine große Dicke. Am Sonntag den 23. März wurde auf dem Maine eine Kegelbahn eröffnet, die Küfer machten Fässer und die Fischer improvisierten eine Fischbäckerei." Doch zwei Tage später war es mit dem Vergnügen schon wieder aus und

Joachim Pfeifer demonstriert es mit seinem Zollstock: So hoch stand das Magdalenenhochwasser.

vorbei. „Am 25. März stellte sich Regen bei großer Wärme ein und am Sonntag, den 30. März (Palmsonntag), hob sich das Eis durch den Druck des oberländischen Eises. Rapid wuchs das Wasser, so daß die Brücke gesperrt werden mußte (…) Eine ungeheure Masse Holz schwemmte auf dem Maine vorbei und auch hier (in Aschaffenburg) nahm das Wasser einen großen Holzstoß mit fort."

Ein Datum, das nicht auf dem Tor verzeichnet ist, ist das Magdalenenhochwasser, das sich am Magdalenentag 1342, am 21. und 22. Juni, ereignete. Der Grund, warum ausgerechnet dieses besondere und historische Hochwasser nicht auf dem Tor steht, ist ganz einfach: Es stand damals noch nicht. „Aber wenn man es noch nachträglich verzeichnet hätte, dann müsste es ganz oben sein, über dem Torbogen", merkt Pfeifer an. „Es war das schlimmste Hochwasser überhaupt." Das Magdalenenhochwasser sei nicht nur aufgrund seiner enormen Höhe eine Ausnahme. „Besonders ist auch, dass es ein Sommerhochwasser war", erläutert der Experte. Die Magdalenenflut, unterstreicht Pfeifer, sei die schwerste je in Mitteleuropa dokumentierte Überschwemmung gewesen. Dabei habe Europa zu jener Zeit genügend andere Probleme gehabt: „Der Hundertjährige Krieg war schon einige Jahre im Gange und es wütete bald darauf, ab 1347, die Pest, die ein Drittel der Bevölkerung dahinraffte – was manchen Quellen zufolge mit ebenjenem Hochwasser zusammenhängt. Viele Menschen verloren dadurch ihre Heimat, entweder waren ihre Häuser fortgerissen oder sie flüchteten in höher gelegene Orte und Städte", macht Pfeifer deutlich. „Ernten waren vernichtet, deshalb ging die Nahrungsmittelproduktion zurück und es herrschte große Hungersnot. Und durch die reißenden Bäche entstanden Schluchten, verlandeten Täler, veränderte sich die Landschaft."

„Ein Hochwasser bedeutete für die Menschen immer eine Katastrophe."

Wie das Magdalenenhochwasser überhaupt entstehen konnte? Auf einen sehr kalten und schneereichen Winter folgte Tauwetter. Die Bäche wurden des vielen Schmelzwassers wegen zu reißenden Flüssen. Und dann schneite es wieder. Bis in den April hinein fiel in Süddeutschland, Österreich und der Schweiz Schnee und auch der darauf folgende Frühling war ausgesprochen niederschlagsreich, die Böden vollgesogen mit Wasser. „Eine kurze Hitzewelle Anfang Juli brachte nur vorübergehend Erleichterung – denn dann brach die Katastrophe los. Intensiver Dauerregen setzte um den 19. Juli in Franken ein, der sich in den folgenden Tagen nach Nordwesten hin ausbreitete. Am 22. Juli hatte er die untere Weser erreicht", schreibt Daniel Lingenhöhl in seinem Aufsatz *Die Magdalenenflut von 1342: Die größte Flut des letzten Jahrtausends.* Die kurze Hitzewelle verschärfte die Probleme sogar eher noch, da sie den Boden verkrusten ließ, was wiederum die Versickerung erschwerte.

Bei einem derart traumatisierenden und folgenschweren Ereignis wirken die anderen Hochwasser fast harmlos. Aber das waren sie nicht. „Ein Hochwasser bedeutete für die Menschen immer eine Katastrophe", sagt Pfeifer. „Selbst heute, in Zeiten des Hochwasserschutzes und der guten Infrastrukturen, legt ein solches Ereignis vieles lahm. Doch damals traf es die Menschen weitaus härter und zog nicht selten Hungersnöte nach sich." Die gegenseitige Unterstützung im Notfall war aber auch in früheren Jahrhunderten groß, wie ein Artikel im *Intelligenzblatt* vom 5. Dezember 1882 anlässlich des Hochwassers von Ende November 1882 belegt. Damals wendete sich „Das provisorische Komitee zur Unterstützung der nothleidenden überschwemmten Gegenden von Unterfranken und Aschaffenburg, das sich in Würzburg gebildet hat" mit „folgendem

Ein Datum über dem anderen ist am Theoderichstor eingemeißelt.

Aufruf an die Mildthätigkeit: Aus allen Gegenden unseres Regierungsbezirkes kommen betrübende Nachrichten über das schwere Unglück, welches in den letzten Tagen durch Wasserfluthen über eine große Zahl von Familien gebracht wurde. Schon jetzt herrscht in vielen Orten ein wahrer Nothstand: der eintretende Winter droht das Elend noch zu vermehren. Hier muß Hilfe werden, schleunigst Hilfe!" Die Unterzeichnenden schlossen mit „der dringlichste(n) Bitte um milde Gaben zum Besten der nothleidenden überschwemmten Gegenden unseres ganzen Regierungsbezirkes, seien es Gaben an Geld oder an Kleidern und wärmenden Betten und Decken, oder an Nahrungsmitteln. Jedes Geschenk ist willkommen; jedes begleite der Segen Gottes; jedem folge das Vergelten Gottes." Auch König Ludwig II. (1845-1886) höchstselbst ließ sich nicht lumpen, wie das Blatt vermerkt: „König Ludwig hat zur augenblicklichen Unterstützung der durch die jüngsten Hochwasser Beschädigten die Summe von 40,000 M. zur Verfügung gestellt und den k. Staatsminister des Innern, Frhrn. v. Feilitzsch beauftragt, die am meisten beschädigten Gegenden zu bereisen und die hienach veranlaßten nöthigen Vorkehrungen zu treffen. Derselbe wird sich im Vollzuge dieses allerhöchsten Auftrages sofort zunächst in die Pfalz und sodann nach Unterfranken begeben."

Joachim Pfeifer blickt nachdenklich zum Main hinab und dann zum Tor hinauf. Holt einen langen Zollstock hervor und lehnt ihn ans Tor. „So hoch", sagt er und deutet hinauf, „wäre das Magdalenenwasser einst gestiegen." Da kann einem schon angst und bange werden.

Eva-Maria Bast

So geht's zu den Hochwassermarken:

Die Hochwassermarken befinden sich am Theoderichstor unterhalb des Schlosses am Mainufer.

Bruno Geißel weiß, was es mit den abgedeckten Schächten rund um das Aschaffenburger Rathaus auf sich hat.

15

Schächte

Als die Atomkriegsgefahr allgegenwärtig war

D as glänzende Metall bildet einen starken Kontrast zum klobigen Kopfsteinpflaster hinter dem Aschaffenburger Rathaus. Die quadratischen Metallgitter sind deutlich größer als die Einläufe, die zum Kanal führen. Dünne Streben decken die darunter liegenden Schächte ab und wer genau hinsieht, erblickt Stiegen, die in die Tiefe führen. Bruno Geißel, früherer Leiter des Bauordnungsamts, erkennt am Abstand der Metallgitter zum Gebäude, dass sie zwischen 1954 und 1957 entstanden sind: „Das ist Zeitgeschichte."

Das Geheimnis ist eng mit dem Neubau des Aschaffenburger Rathauses und der Zeit nach dem Zweiten Weltkrieg verbunden. Ein neuer Verwaltungssitz musste her, denn bei Bomben- und Artillerieangriffen auf die Stadt waren die bisherigen Amtsstuben im Schloss zerstört

61

worden. Schon am 12. Dezember 1946 beschloss der Stadtrat, das Rathaus in der Mitte der Dalbergstraße zu errichten. Die Wahl war nicht zufällig auf diesen Platz gefallen: Ab 1790 war dies auch der Standort des Alten Rathauses, errichtet nach Plänen des Mainzer Hofarchitekten Emanuel Joseph von Herigoyen (1746-1817), das im Lauf der Zeit jedoch zu klein geworden und im Zweiten Weltkrieg ebenfalls zerstört worden war. Mit dem Neubau des Rathauses an diesem städtebaulich reizvollen Platz wollten die Stadträte ein Zeichen setzen sowie die damals befürchtete Verödung der Oberstadt verhindern.

Ende 1947 lobte die Stadt Aschaffenburg einen Wettbewerb für das neue Rathaus aus. Den ersten Preis errang der Göttinger Architekt Diez Brandi (1901-1985) mit seinem Entwurf. Gebaut wurde aber erst einmal nicht. „Der damalige Oberbürgermeister Vinzenz Schwind wollte zuerst Schulen und Wohnungen errichten", erzählt Bruno Geißel. Und so wurde der Rathaus-Neubau um einige Jahre vertagt, genau gesagt bis 1956.

Die Entwicklungen in diesen Jahren sorgten letztlich dafür, dass die Metallgitter rund um das Rathaus entstehen konnten. „Das sind Notausstiege für die Zivilschutzräume unter dem Rathaus", lüftet Bruno Geißel das Geheimnis und erzählt, warum der Aufschub des Rathausbaus dafür entscheidend war. Denn eigentlich untersagte das am 10. April 1946 erlassene Kontrollratsgesetz Nummer 23 die Anlage von zivilen Luftschutzräumen.

Inzwischen sind die Ausstiege verschweißt, um Missbrauch zu verhindern.

Doch die Spannungen zwischen Ost und West nahmen in den Folgejahren zu. 1949 gründeten sich die Bundesrepublik Deutschland und die Deutsche Demokratische Republik, wodurch Deutschland geteilt wurde. 1950 brach der Koreakrieg aus, einer der größten Stellvertreterkriege zwischen den USA und der Sowjetunion während des Kalten Krieges. Die atomare Aufrüstung auf beiden Seiten stellte ebenfalls eine Bedrohung dar. „In dieser Situation haben insbesondere die Amerikaner gemerkt, wie schwer es ist, mehrere Fronten zu halten", erläutert Geißel.

Diese Erkenntnis schlug sich im Deutschlandvertrag nieder, den die Bundesrepublik und die westlichen Mächte Frankreich, Großbritannien und die USA am 26. Mai 1952 unterzeichneten. Das völkerrechtliche Abkommen sollte die Souveränität Deutschlands wiederherstellen und hob das Verbot des Schutzraumbaus auf. Allerdings trat er zunächst nicht in Kraft, da die französische Nationalversammlung eine damit verbundene Vereinbarung ablehnte. Der Deutschlandvertrag wurde in Teilen neu ausgehandelt und schließlich erst 1955 gültig. „Wegen des Vertragsabschlusses waren aber die ersten Überlegungen zum Bau von Schutzräumen in der Bundesrepublik angelaufen", weiß Geißel.

An dieser Stelle treffen der verschobene Rathaus-Neubau in Aschaffenburg und die weltpolitische Entwicklung wieder zusammen. Architekt Diez Brandi hatte seinen Gebäudeentwurf 1954 wegen des größeren Platzbedarfs der Verwaltung überarbeitet – und damit zu einer Zeit, als ein Atomkrieg wahrscheinlicher wurde. Unter dem Flachbau des Rathauses wurde deshalb ein statisch eigenständiges Gebäude mit Schutzräumen eingeplant. „Nachträglich wäre das nicht gegangen", bringt der frühere Leiter des Bauordnungsamts das Zusammentreffen der Umstände auf den Punkt.

Ab 1956 wurden die Schutzräume und auch die Notausstiege mit den dazugehörigen meterhohen Aufstiegsschächten gebaut. Damals gab es laut Geißel noch keine Vorschriften über einen Gebäudeabstand. „Später, also nach 1957, mussten die Notausstiege in einem Abstand von einem Drittel der Gebäudehöhe angelegt werden, um außerhalb des Schuttkegels zerstörter Häuser zu liegen."

720.000 Mark hat der Bau der acht unterirdischen Schutzräume und eines Rettungsraums gekostet, weiß Bruno Geißel. Auch damals waren Kostensteigerungen schon ein Thema: Ursprünglich war der Schutzraumbau auf 300.000 Mark geschätzt worden.

Die Anlage unter dem Rathaus bietet Platz für bis zu 450 Menschen. 60 Zentimeter Stahlbeton nach allen Seiten schützen das unterirdische Gebäude, darüber schließen sich die 60 Zentimeter starken

Böden des Rathauskellers an, unter dem sich der Schutzraumbau befindet. „Sie entsprechen damit der stärksten Schutzraumklasse C. Nur ein Bunker mit einer Wandstärke von drei Metern, der sogar einen Volltreffer ausgehalten hätte, wäre noch sicherer gewesen."

Zur Ausstattung gehörten Waschbecken, Toiletten, gasdichte Panzertüren sowie ein Be- und Entlüftungssystem. Im Ernstfall hätten die Türen zur natürlichen Belüftung luftdicht verschlossen werden können, ein elektrischer Motor hätte dann für Frischluftzufuhr gesorgt. „Bei einer atomaren Verseuchung wäre sogenannte Schutzluft zugeführt worden, die durch einen Aktivkohlefilter gereinigt worden wäre", erläutert Bruno Geißel.

Das *Volksblatt* bezeichnete das unterirdische Gebäude 1958 als „eine der modernsten Schutzraumanlagen der Bundesrepublik". Es war in dieser Größe auch einer der ersten Schutzraumbauten der Nachkriegszeit. Allerdings hätten wegen der kurzen Alarmierungszeiten nur diejenigen hier Schutz gefunden, die sich zum Zeitpunkt eines Angriffs mit atomaren, biologischen oder chemischen Waffen im Rathaus befunden hätten.

Bruno Geißel begann seine Arbeit im Rathaus 1968 und damit zu einer Zeit, als die Gefahr eines Atomkriegs „noch gegenwärtig, ja sogar alltäglich" war. „Anfangs hatte man gedacht, es reicht, sich zwei Tage in Sicherheit zu bringen. Das wurde dann auf mehrere Tage ausgedehnt. Aber die Vorstellung, dass das Land auf Dauer verseucht wäre, die hatte man damals nicht", sagt er und blickt nachdenklich auf die Betonschächte, die zu den Schutzräumen führen – und die zum Glück nie zum Einsatz kamen. Heute dienen sie zum Teil als Lagerräume.

Caroline Wadenka

....
So geht's zu den Schächten:

Die Schächte befinden sich in der Stiftsgasse hinter dem Rathaus sowie an der Rathausgasse zwischen dem Mitteltrakt und dem Sitzungssaalgebäude.

Hans Sommer steht an dem Geländer vor dem ehemaligen Kipp'schen See, an dem die meisten Menschen achtlos vorübergehen.

16

Verlandeter See

Eisgekühlt und sehr zum Wohle!

Nur ein verlandeter See am Fuß des Hasenkopf-Bergs ist geblieben. Das macht aber nichts. Denn heute gibt es ja Kühlschränke. Was ein trocken gefallener See – genauer: der Kipp'sche See – mit Kühlschränken zu tun hat? Eine Antwort auf diese Frage findet sich bei dem Aschaffenburger Hans Sommer. Er hat nämlich herausgefunden, dass der See einst dazu diente, Eis zu gewinnen, mit dem dann Bier gekühlt wurde. „1872 pachtete diesen Weiher ein Bierbrauer offenbar zum Eisbrechen für den Felsenkeller von der Kneipe ‚Zum letzten Hieb'", sagt Sommer. Denn bevor Carl von Linde (1842-1934) den Kühlschrank erfand, brauchten die Bierbrauer – und derer gab es in Aschaffenburg viele – eine Lösung, um den Gerstensaft kühl zu halten. Dabei ging es aber nicht nur darum, dass das Bier bei zu hohen Temperaturen nicht ver-

derben sollte: Gerade beim Brauen von untergärigem Bier musste auch
während der Herstellung gekühlt werden, denn es galt, die heiße
Würze möglichst rasch auf vier bis sechs Grad zu bringen. Um diese
Temperatur zu erreichen brauchte es, man kann es sich schon denken:
Eis. Dieses gewannen die Brauer nicht zuletzt aus zugefrorenen Tei-
chen, die zu diesem Zweck zum Teil extra angelegt wurden. „Die
Brauer schlugen ihr Eis gern aus
leicht zufrierenden Stillgewässern
wie dem im Winter strömungsfreien
Floßhafen oder aus Seen, von denen
manche speziell dafür aufgestaut
wurden, wie der frühere Brauereisee
am Schweinheimer Hollebach oder

„Die Eisplatten wurden an-
fangs noch in Eisgruben
kom-pakt aufgeschichtet und
gegen Abtauen geschützt.“

der Rosensee“, präzisiert Sommer. „Die Eisplatten wurden anfangs
noch in Eisgruben kompakt aufgeschichtet und gegen Abtauen
geschützt. Eine davon gab es noch 1809 am Schlossberg.“ Im 19. Jahrhundert seien dann auch doppelwandige isolierte Eiskeller entstanden, die über Galllöcher verfügten. Das sind Gewölbeschächte, die an
die Erdoberfläche führen und durch die das Eis hinabgeschüttet werden konnte. „Obwohl das Eis so eng wie möglich aufgeschichtet wurde,
schmolz es meist rascher als erhofft. Die benötigte Eismenge war ent-
sprechend groß und reichte dennoch nicht in jedem Jahr bis zum
nächsten Frost“, unterstreicht Sommer. In den 1870er-Jahren stiegen
die ersten Brauereien auf Kältemaschinen um.

„Über den Bierkellern richtete man gern Biergärten ein“, erzählt
der Aschaffenburger weiter. Die wurden denn auch häufig von Kasta-
nien beschattet, was den Keller kühl hielt und den Gästen im Sommer
ein kühles Plätzchen in idyllischer Atmosphäre bot. Das tat auch der
Brauer, der aus dem Kipp'schen See sein Eis gewann: Bei ihm handelte
es sich um keinen Geringeren als den erfolgreichen Bierbrauer Joseph
Geiger, der am 8. April 1838 die Erlaubnis zum Bierbrauen und zur
Verabreichung warmer Speisen für seine Schankgäste erhielt und die
Gaststätte „Zum Letzten Hieb“ (siehe Geheimnis 49) betrieb. Noch im
Jahr seiner Konzession kaufte er das Haus Badergasse 3 und richtete
dort die Brauerei „Zum Kalten Loch“ ein. Laut der *Fränkischen Brau-*
ereien war das Unternehmen weder groß noch klein: „1843 betrugen

seine Sommerbiervorräte 434 Eimer, was etwa 260hl entspricht. [..]
Um konkurrenzfähig zu bleiben, musste Geiger bald erweitern. Nach
einem neuen Wohnhaus 1859 errichtete er 1867 neue Lager- und Eiskeller. 1870 entstand u.a. ein Malzspeicher." Sommer ist sich ziemlich
sicher, dass zu diesen Lager- und Eiskellern auch der Felsenkeller
„Zum Letzten Hieb" gehört hat, in dessen Nähe der kleine Weiher im
Winter für ausreichend Eis sorgte.

Auch nach dem Ableben des findigen Unternehmers ging es gut
weiter mit der Brauerei: Nachdem Joseph Geiger im Jahr 1871 starb,
führten seine Witwe Katharina und seine beiden Söhne Joseph und
Franz Nikolaus Brauerei und Schankwirtschaft und vergrößerten sie
sogar noch. Nach dem Tod von Katharina im Jahre 1877 übernahm
Sohn Joseph das Unternehmen. Als dieser Anfang des 20. Jahrhunderts starb, war es wiederum eine Frau, die die Zügel in die Hand nahm:
Josephs Witwe Maria führte das Geschäft bis 1912 weiter und das tat
sie ausgesprochen eifrig, unter anderem ließ sie ein Kesselhaus errichten. Das Eis aus dem Kipp'schen See benötigte sie zu dieser Zeit möglicherweise schon nicht mehr.

Eva-Maria Bast

So geht's zum verlandeten See:

*Er befindet sich an der Schmerlenbacher Straße. Um dorthin zu
gelangen, folgt man der Straße stadtauswärts. Kurz vor der
Schellenmühle befindet sich der trocken gefallene Weiher auf der
rechten Seite.*

17

Ruhstock

Verschnaufpause für Mägde und Knechte

Der Form nach erinnert es ein wenig an ein Reck. Allerdings würde man sich, wenn man sich daran hängen würde – was aufgrund der niedrigen Höhe nur Kinder tun könnten – ziemlich sicher den einen oder anderen Spreißel zuziehen, denn das „Reck" ist aus Holz. Obendrein hätte der Experimentierfreudige wohl Probleme, die Reckstange zu umfassen, denn die ist selbst für Erwachsenenhände zu dick. Hans Schreck weiß, dass es sich bei der Vorrichtung keineswegs um ein Sportgerät, sondern vielmehr um eine Ausruhmöglichkeit handelt. „Das ist ein sogenannter Ruhstock", erklärt er. Und das hängt mit der Geschichte Schweinheims als stark landwirtschaftlich geprägter Gemeinde zusammen.

Wer den Hintergrund verstehen will, muss aber erst einmal wissen, was ein Ruhstock überhaupt ist. Ein Ruhstock gehört zu den Ruhbänken und -steinen, die zwischen dem 16. und dem 19. Jahrhundert ihre Blütezeit hatten. Ihre Funktion erklärt sich schon aus ihrem Namen: Es waren Bänke, auf denen man sich ausruhen konnte. „Man" waren in diesem Falle aber mitnichten eifrige Wandersleut', sondern Bauern, Knechte, Mägde und Sargträger. Diese relativ weit gespannte Zielgruppe erklärt sich folgendermaßen: Die Ruhbänke wurden gebaut, um Lasten darauf abzusetzen – und Lasten hatten sowohl Bauern, Mägde und Knechte als auch Sargträger zu transportieren. Wenn die Landwirte und ihre Helfer auf den Feldern unterwegs waren, verfrachteten sie ihre Ernte in große Körbe, die sie auf dem Rücken trugen. Diese Körbe waren meist sehr schwer und wenn sie nicht auf einem erhöhten Platz abgesetzt worden wären, hätte sie der Träger oder die Trägerin nicht selbstständig wieder auf den Rücken hieven können. Deswegen waren diese sogenannten Ruhsteine meist auch deutlich höher als normale Sitzbänke, sodass sich die Last darauf bequem abla-

Hans Schreck demonstriert, wie die Mägde und Knechte hier einst ihre Last absetzten.

den ließ. Manche besonders komfortablen Ruhbänke hatten einen Teil zum Sitzen und einen etwas erhöhten Bereich für den Korb.

Wie aber passt der Ruhstock da hinein? Schließlich ist er deutlich höher als der Rumpf eines normal gewachsenen Menschen. „Gerade hier in der Gegend transportierten die Mägde die Ernte von den Feldern häufig auf dem Kopf", erklärt Schreck. „Vor dem Ruhstock beugten sie sich leicht nach vorne und setzten ihre Last darauf ab. In Schweinheim waren es vor allem Frauen, die sich hier ausruhten."

Auch die Stelle, an der der Ruhstock steht, ergibt Sinn: Hier treffen drei Wege zusammen und eben an solchen Kreuzungen fanden sich die Ausruhstationen häufig. Der große, schattenspendende Baum passt ebenfalls ins Bild, denn wer will sich schon in der prallen Sonne ausruhen? Nicht selten befanden sich Ruhsteine auch in der Nähe von Zollstellen, wenn die Mägde, Knechte oder Händler ihre Ware absetzen mussten, um den Wegzoll zu entrichten.

Soweit zu den Mägden, Knechten und Bauern. Wie aber passen die Sargträger dazu? Auch hier ist ein Blick in die Geschichte nötig: Nicht jeder Weiler oder jedes kleine Dorf hatte oder hat ein Gotteshaus mit einem Friedhof, weshalb die Trauernden mit dem Sarg teilweise eine längere Strecke gehen mussten, um zum nächsten Kirchhof zu gelangen. War der Weg gar zu weit, war es nötig, zu pausieren und sich für eine Weile von der Last zu befreien, taten auch hier die Ruhbänke gute Dienste. „Unser" Ruhstock dürfte diesem Zweck allerdings nicht gedient haben, denn: Hierauf einen Sarg abzustellen, wäre doch eine ziemlich kippelige Angelegenheit.

Eva-Maria Bast

....
So geht's zum Ruhstock:

Man entdeckt ihn, wenn man von der Bischbergstraße in Schweinheim in Richtung Ludwigstempel auf dem Bischberg geht, etwa auf halber Strecke.

Mit der Balustrade der früheren Mainbrücke an seiner Fassade hat das Novum Hotel Post nach Meinung von Rainer Tropp eine besondere Aschaffenburger Note bekommen.

18

Balustrade

Vom Fluss an die Hotelfassade

Hektisch geht es vor dem Hotel Post in der Goldbacher Straße zu. Autofahrer kurven im Kreisverkehr, Fußgänger hasten zum Einkaufszentrum City-Galerie und an der Fernbushaltestelle verlädt der Fahrer die letzten Gepäckstücke vor der Weiterfahrt. Architekt Rainer Tropp kennt aber einen guten Grund, hier trotzdem innezuhalten: Denn hinter der Balustrade an der Hotelfassade steckt ein spannendes Geheimnis.

Die Hoteltradition an dieser Stelle geht auf das Jahr 1849 zurück. Damals errichtete Adam Münch auf dem Grundstück ein Gasthaus mit Pferdestallungen. Um die Wende zum 20. Jahrhundert mieteten die Königlich Bayerische Post und die Staatlichen Gestüte den Unterstand an. 1919 kauften Therese und Johann Seubert das Gasthaus, das die Familie über drei Generationen bis 2016 führte. Schon 1934 boten die Seuberts Zimmer mit fließendem Warm- und Kaltwasser an, was damals als sensationell galt. „Die Post ist und war das erste Haus am Platz", sagt Rainer Tropp.

Nach dem Zweiten Weltkrieg übernahm Sohn Karl Seubert den Betrieb. Im Oktober 1946 bot das Hotel Post seinen Gästen bereits 25 Betten an. 1969 war das Haus das erste am Untermain mit einem hoteleigenen Hallenbad. Im gleichen Jahr erkochte Küchenchef Klaus Heininger zudem einen Michelin-Stern, wodurch die Post zu den 125 besten Restaurants in Deutschland gehörte. Als Seubert Ende 2013 starb, würdigte ihn das *Main-Echo* in einem Nachruf als „einen Protagonisten des Wiederaufbaus" in seiner Heimatstadt.

„Karl Seubert hat die Post hochgezogen", sagt Rainer Tropp – und meint das im übertragenen wie im wörtlichen Sinne. Denn 1970 beantragte der Hotelier bei der Stadt, sein Haus um zwei Stockwerke erhöhen und ein Geländer mit einer entsprechenden Konstruktion als Balkon an der Fassade installieren

Langer Hals, gedrungener Sockel: So sehen die Baluster aus, die früher die Mainbrücke zierten. Bei einer Aufstockung des Hotels Post ließ Hotelier Karl Seubert sie 1970 an der Fassade anbringen.

zu dürfen – und zwar ein ganz Besonderes. „Die Balustrade war Teil der Mainbrücke, die 1970 abgerissen wurde", lüftet Tropp das Geheimnis.

Die Flussquerung spielte für Aschaffenburg stets eine wichtige Rolle. Die älteste Holzbrücke hatte der Mainzer Erzbischof Willigis (940-1011) im Jahr 989 errichten lassen. Hochwasser und Eisgang setzten dem Bauwerk immer wieder zu, sodass die Holzjoche ab 1140 durch gemauerte Pfeiler ersetzt wurden. Zwei Türme auf der rechten und linken Seite des Flusses komplettierten die Steinbogenbrücke.

Das *Häuserbuch* von Alois Grimm listet in den folgenden Jahrhunderten unzählige Reparaturen an der Brücke auf, die meist auf Hochwasser, Eisgang aber auch kriegerische Auseinandersetzungen zurückgingen. Zeitweise behalfen sich die Aschaffenburger mit einem Fährbetrieb. Größter Schwachpunkt des Bauwerks waren die mangelhafte Gründung der Pfeiler und die unzulängliche Sicherung der Vorfundamente: 1889 – und damit nach fast 900 Jahren – endete die Geschichte der alten Mainbrücke mit ihrem Abbruch.

Im Juli 1891 wurde das Nachfolgebauwerk, die sogenannte Ludwigsbrücke, eröffnet. Die Hausteine der Balustrade, so vermerkt es das *Häuserbuch*, stammten vom Betrieb der Gebrüder Adelmann aus Bettingen am Main. „Die Gesamthöhe der aus Sockel, Baluster und Abdeckplatte bestehenden Brüstung beträgt 1,02 Meter", heißt es darin.

Ein ruhiges Leben war aber auch dieser Brücke nicht beschieden: In den letzten Tagen des Zweiten Weltkriegs stand sie stark im Fokus. Die US-amerikanischen Truppen, die von Westen vorrückten, wollten den Main queren, um die Stadt einzunehmen. Um das zu verhindern, sprengten deutsche Pioniere am 25. März 1945 die beiden Flusspfeiler der Brücke. Letztlich nahmen die Amerikaner Aschaffenburg aber doch ein, da die flussaufwärts gelegene Eisenbahnbrücke noch intakt war.

Die schwer beschädigte Ludwigsbrücke wurde im November 1945 repariert, indem Ingenieure zwei neue Pfeiler auf die alten Fundamente setzten und eine Stahlbetonplatte auflegen ließen. Doch schon 1954 zeigten sich Schäden. Die Behörden beschränkten das Fahrzeuggewicht auf neun Tonnen, zudem versuchten die Ingenieure, mit Seilen aus Stahldrähten an den Widerlagern, die Schubwirkung zu mindern. Doch es half nichts: Abbruch und Neubau waren unumgänglich.

Bevor es soweit war, stand am 4. Dezember 1969 um 14 Uhr in der Geschäftsstelle des Bauverwaltungsamts der Stadt ein ungewöhnlicher Vorgang auf dem Programm: Versteigert wurden Groß- und Kleinpflaster, Gewölbe-, Mauerwerk- und Betonpfeilerabbruch, Füllmaterial der Bögen, Gehwegbelag und Stahlträger. Am 30. April und

20. Mai 1970 sprengten Mitarbeiter einer Düsseldorfer Abbruchfirma die Brücke, die letzten Teile wurden im Juni 1970 beseitigt.

Man könnte meinen, dass Karl Seubert das Brückengeländer ersteigert hat, doch weit gefehlt: Seine Tochter Cornelia Seubert, die das Hotel Post ab 1993 führte, erzählt: „Eines Tages ist mein Vater zur Mainbrücke gefahren und hat gesehen, wie die Baluster abgebaut wurden. Er hat sich zum Polier durchgefragt und von ihm erfahren, dass die Bauteile eigentlich weggeworfen werden sollen. Er hat ihm 100 Mark und vier Kästen Bier angeboten, wenn die Bauarbeiter ihm die Baluster zum Hotel Post liefern – und so kam es auch."

Cornelia Seubert erinnert sich, dass ihr Vater mit der Fassade des Hotels, die der Architekt damals entworfen hatte, nicht zufrieden gewesen und deshalb kreativ geworden sei. „Er wollte etwas Schönes daraus machen." Doch lange habe er keinen zündenden Einfall gehabt: Die Idee einen Lüftlmaler zu engagieren, der die Fassade so bemalt hätte,

„Für mich strahlt das ein bisschen Palazzostil aus."

wie es in Tirol und Oberbayern oft zu sehen ist, verwarf er. „Ihm waren Originalität und Individualität sehr wichtig, aber auch die Regionalität. Mein Vater hat die Stadt sehr geliebt."

Mit der Balustrade der Mainbrücke hatte Karl Seubert schließlich und endlich ein originelles und regionales Schmuckstück für seine Fassade gefunden – das allerdings auch sehr schwer war. „Die Baluster sind aus Gusseisen. Das war eine statische Herausforderung", erläutert Cornelia Seubert. Da das Gebäude nicht für das Gewicht ausgelegt war, mussten bei der Aufstockung zusätzliche Träger quer eingezogen werden. Auch Pfeiler bis in den Keller waren nötig. Die Baluster ließ Karl Seubert im Sandsteinton streichen.

Aus Sicht von Familie Seubert hat sich der Aufwand gelohnt. „Mein Vater war total glücklich mit seiner Fassade." Bis 2007 war über den Balustern noch ein Dach montiert, das Cornelia Seubert dann entfernen ließ, weil es den Zimmern zu viel Licht genommen habe. Das robuste Geländer sei sehr solide und pflegeleicht, lediglich ein neuer Anstrich werde bisweilen fällig. „Die Balustrade sieht heute noch total gut aus", findet Cornelia Seubert.

Das Hotel Post machte auch nach der Aufstockung von sich reden, zum Beispiel mit prominenten Gästen wie Willy Brandt (1913-1992) oder dem Dalai Lama. 1993 übernahm mit Cornelia Seubert die dritte Generation den Betrieb. 2011 kam es zu einer Auseinandersetzung mit der Academy of Motion Picture Arts and Sciences, die alljährlich die Oscar-Trophäen vergibt. Sie störte sich am Namen des zum Hotel gehörenden Bistros „Oscar", das die Hotelchefin mit Bezug auf das benachbarte Kino nach der weltbekannten Filmauszeichnung benannt hatte. Daraufhin wurde das Lokal in „O-19" umgetauft – wegen der Hausnummer. 2016 verpachtete Cornelia Seubert das Vier-Sterne-Haus an die Novum Hotel Group.

Dass die Baluster rund 80 Jahre eine Brücke zierten, weiß heute so gut wie niemand mehr. Sie fügen sich nahtlos in das Erscheinungsbild des Hotels ein und gehören fest zum Inventar. Rainer Tropp gefällt aus mehreren Gründen, dass das Brückengeländer am Hotel Post ein neues Domizil gefunden hat. „An Renaissancegebäuden in Florenz sieht man solche Balustraden. Für mich strahlt das ein bisschen Palazzostil aus." Besonders freut ihn aber, dass Teile der alten Aschaffenburger Brücke auf diese Weise im Stadtzentrum weiterleben.

Caroline Wadenka

....

So geht's zur Balustrade:

Das frühere Geländer der Mainbrücke ist an der Fassade des Hotel Post in der Goldbacher Straße 19-21 zu finden.

19

Auto

Nur für unbescholtene Menschen

*E*in kleines Auto auf einer Steinsäule. Hübsch ist es anzuse-
hen, irgendwie niedlich. Wer die Säule etwas genauer
betrachtet, kann noch ein weiteres Fahrzeug entdecken –
ein offenbar deutlich älteres Modell. Beide verbindet eine
Straße, die halb um die Steinsäule herumführt. Wenn man dieses
Denkmal zusammen mit der Leiterin der Steinmetzschule, Ulrike
Ader, besucht, erfährt man, dass diese Straße sozusagen ein Weg des
technischen Fortschritts ist. 100 Jahre führen von dem älteren zu dem
neueren Auto. Ersteres ist von 1904, das neuere von 2004. 1904 war
ein großes Jahr für Autofahrfreunde – und das nicht nur, aber vor
allem in Aschaffenburg: Hier wurde die erste Fahrschule in Aschaffenburg gegründet. Und 2004 wurde dieses besonderen Ereignisses
gedacht, indem das von einem Schüler der Steinmetzschule, Bernard
Chemin, gearbeitete Denkmal gesetzt wurde.

Am 7. November 1904 startete in dem Haus, das damals dort
stand, nämlich die „Erste Deutsche Autolenker-Schule". Zu dem
Mann, der Deutschlands erste Fahrschule gründete, passt das Betreiben einer solchen zunächst nicht: Rudolf Kempf (1864-1943), Sohn
eines königlich-bayerischen Forstmeisters, war Kunsthistoriker,
Kunstmaler, Herausgeber und Architekt. Aber er war eben auch Unternehmer und betrieb seit 1901 ein Technikum in Aschaffenburg, an
dem Maschinenbauer, Elektroniker und Fachleute den Tief- und
Hochbau erlernten. „Später wurden hier auch Steinmetze ausgebildet",
erklärt Ulrike Ader einen weiteren Bezug zwischen Schule und Ort.
Kempf fand, dass es auf Deutschlands Straßen mitunter etwas wild
zugehe und dass das auf mangelnde Fahrkenntnisse der Autofahrer
zurückzuführen sei. Deshalb gliederte er dem Technikum kurzerhand
die erste Fahrlenkerschule Deutschlands an. Denn das sei, so begründete er in der Anmeldung seines Unternehmens, „das beste Mittel zur
Verhütung von Unglücksfällen und zur Austreibung von Bedenken

Ulrike Ader neben dem Dankmal.

gegen das Automobil". In der Satzung der Schule stand das Ziel geschrieben, Unbescholtene zu Motorfahrzeuglenkern aus(zu)bilden. Unbescholten zu sein allein reichte allerdings nicht, um dem Unterricht beiwohnen zu dürfen. Die Teilnehmer mussten auch andere Voraussetzungen erfüllen. Sie hatten männlich zu sein, mussten das 17. Lebensjahr vollendet haben sowie einen selbstgeschriebenen Lebenslauf und ein amtliches Sittenzeugnis mitbringen. „Denn nur mit einem ordentlichen Klientel könnte er sein Ziel erreichen und einen Stamm guter Chauffeure heranbilden", erklärte der Unternehmer, der in seinen Bestrebungen von der Auto-Lobby unterstützt wurde. Wie Kempf der königlichen Kreisregierung in Würzburg mitteilte, als er seinen Genehmigungsantrag einreichte, wäre er von etlichen Fahrzeugherstellern gebeten worden, eine solche Schule anzubieten. Der Bayerische Automobil-Club unterstützte die Ausbildung ganz ausdrücklich und die *Allgemeine Automobilzeitung Deutschlands* schrieb: „Es ist schon oft genug betont worden, dass ein schlechter Chauffeur sehr gute Käufer dem Automobil entfremden kann, ebenso kann aber auch ein tüchtiger Autolenker seinen Herren derart begeistern, dass dieser erfreut seine Bekanntenwelt für das Automobil gewinnt." 36 Männer – Schlosser, Mechaniker, Herrschaftskutscher und Automobilhändler – gehörten zu den ersten offiziellen Fahrschülern, die zehn Wochen die Schulbank, respektive den Fahrersitz drückten. Zu 15 Stunden Theorieunterricht kamen acht praktische Fahrstunden und, anders als heute, zwölf Stunden, in denen der Fahranfänger in einer Werkstatt praktisches Können an die Hand bekam. Zum Beispiel lernten die Schüler, wie man einen Reifen wechselt, aber auch, aus welchen Hauptteilen ein Vergaser besteht. „Wo heute Schilder und Vorschriften wie Rechts vor Links den Verkehr genau regeln, kreuzten

Das moderne Steinauto.

Anfang des 20. Jahrhunderts Pferdekutschen und motorisierte Fahrzeuge ihre Wege unter der eingängigen Formel Hott vor Mot, zeitweise wohl auch umgekehrt", schreibt die *dpa* in einem Artikel zum 100. Gründungstag der ersten Fahrschule. Offizielle Regelungen habe erst das Kraftverkehrsgesetz von 1909 unter Kaiser Wilhelm II. (1859-1941) gebracht. Und auch einen Führerschein gab's nach bestandener Prüfung nicht, denn selbiger wurde in Deutschland erst im Jahr 1910 eingeführt. Stattdessen richtete unser findiger Unternehmer 1905 für Schnellentschlossene zweiwöchige „Herrenkurse" ein, in denen nicht nur Chauffeure – denn um solche handelte es sich bei den bisher Ausgebildeten meistens – sondern auch sogenannte „Herrenfahrer" wie Offiziere, Ärzte und Fabrikanten, Baumeister und Autobesitzer das Fahren erlernen konnten. 1906 erweiterte Kempf seine Schule um eine „Unterabteilung für den Karosseriebau" und dann, ziemlich genau zwei Jahre nach der Eröffnung, war all das schon wieder Geschichte – zumindest in Aschaffenburg: Denn so viel Sorgfalt und Unbescholtenheit er auch von seinen Schülern forderte – wegen „mangelnde(r) Befähigung zur Erhaltung finanzieller und administrativer Ordnung in seinem Unterrichtsunternehmen", so der Vorwurf der Behörden, wurde ein Disziplinarverfahren gegen ihn eröffnet und man entzog dem Unternehmer die Lizenz. Immerhin: 419 Menschen hatten hier das Fahren gelernt – und für Kempf ging es weiter, und zwar im Großherzogtum Hessen, genauer in Mainz, wohin er sein Unternehmen kurzerhand umsiedelte beziehungsweise es 1907 neu eröffnete.

100 Jahre später bekam er dann ein Denkmal in Aschaffenburg, und der Vorsitzende der Bundesvereinigung der Fahrlehrerverbände (BFV) und des bayerischen Landesverbandes, Gerhard von Bressensdorf, sagte: „Kempf war der Erste, der in dieser Tiefe und Systematik Wissen zum Automobil und Fahren vermittelt hat und das unter königlich-hoheitlicher Anerkennung." Zuvor habe es nicht mehr gegeben, als ein paar Tipps zur Handhabung des Wagens beim Autokauf.

Das Gebäude, in dem sich die Fahrschule und das Technikum einst befanden, steht schon lange nicht mehr. Aber es gibt etwas, das daran erinnert: In etwa einem Meter Abstand zu dem Denkmal wächst eine Hecke, die eine Ecke bildet. Ein Hecken-Eck. Oder eine Eck-Hecke. „Die Altstadtfreunde wollten, dass das Denkmal direkt auf die

Hausecke der damaligen Fahrschule gesetzt wird", erklärt Ulrike Ader. „Das wäre aber ein seltsamer Raumeindruck gewesen, weil es dann quasi direkt am Übergang zwischen Asphalt und Grünfläche gestanden hätte." Also kam die Idee auf, eine Hecke zu pflanzen, die den Verlauf der einstigen Hausecke nachzeichnet – und das Denkmal konnte etwas weiter in Richtung Wiese gesetzt werden. Beides erinnert nun an die erste Fahrlenkerschule, in der später auch Steinmetze auf ihre Meisterprüfung vorbereitet wurden. Und so verbinden sich im Denkmal die beiden einstigen Nutzungen des

„Die Altstadtfreunde wollten, dass das Denkmal direkt auf die Hausecke der damaligen Fahrschule gesetzt wird."

Gebäudes: eine Steinmetz- und eine Fahrschule. Eine Erinnerungsstele für Autos, von einem damaligen Steinmetzschüler geschaffen. Und Autos brausen jede Menge daran vorbei. Tagein, tagaus. Einen Führerschein zu machen, ist keine Seltenheit mehr, sondern Normalität. Dafür müssen die heutigen Fahrschüler auch nicht mehr wissen, aus welchen Hauptteilen ein Vergaser besteht.

Eva-Maria Bast

....

So geht's zum Auto:

Es befindet sich am Denkmal in der Dalbergstaße/Ecke Suicardusstraße.

Klaus Sauerwein beschäftigt sich viel mit der Geschichte des Zweiten Weltkriegs. So hat er herausgefunden, was die weißen Pfeile mit dem Luftkrieg zu tun haben.

20

Pfeile

Für Hilfe ohne Zeitverlust

Das Ziel der drei weißen Pfeilspitzen ist eindeutig: Am Haus in der Stadelmannstraße 26 laufen sie auf das Kellerfenster zu. Pfeile sind ja in der Regel dazu da, den Weg in eine bestimmte Richtung anzuzeigen oder die Aufmerksamkeit des Betrachters auf die Stelle zu lenken, auf die sie zeigen. Aber was sollte an diesem Kellerfenster so besonders sein, dass man gesondert darauf hinweisen muss?

Die Antwort findet sich bei Klaus Sauerwein, seines Zeichens engagiertes Mitglied der Kulturinitiative Ringheim. Er hat sich ausführlich mit der Geschichte des Zweiten Weltkriegs beschäftigt und weiß: Die Markierungen sind wohl im Dezember 1943 nach den Großangriffen auf Lübeck, Hamburg und Köln entstanden, als erweiterte

Maßnahmen für den Fall von Luftangriffen getroffen wurden. Die weißen Pfeile, die oft mit fluoreszierender Farbe markiert waren, sollten Feuerwehr und Luftschutzhelfern den Weg zu privaten Luftschutzräumen zeigen. „Die weißen Pfeile sollten einen Hinweis geben, wo sich eventuell eingeschlossene, verletzte und hilfsbedürftige Personen befinden, die zu bergen sind", erzählt Sauerwein. Denn dank der Pfeile konnten sie nach einem Angriff ohne Zeitverlust an der richtigen Stelle nach Verschütteten suchen.

Und Angriffe gab es zahlreiche auf die Stadt: Bereits seit 1940 waren vereinzelte Sprengkörper aus der Luft auf Aschaffenburg abgeworfen worden. Die Angriffe, an deren Ende das historische Aschaffenburg in Schutt und Asche lag, begannen am 27. September 1944 um 21.47 Uhr, als hochfliegende Mosquito-Bomber der britischen Royal Air Force zwei Luftminen auf den Stadtteil Damm abwarfen. Historiker Alois Stadtmüller bezeichnete diesen Abend in seinem Buch *Aschaffenburg im Zweiten Weltkrieg* als „eine schauerlich dröhnende Ouvertüre". Im Durchschnitt gab es in den folgenden sechs Monaten an jedem vierten Tag einen Luftangriff auf die Stadt.

Mit weißer Farbe wurden die Markierungen im Zweiten Weltkrieg auf die Hausfassade aufgetragen. Sie laufen auf das Kellerfenster zu, um Rettungskräften anzuzeigen, wo sich ein Schutzraum befand.

Am 22. und 23. Oktober 1944 erfolgten die ersten Tiefflugangriffe. 19 Opfer forderte der Abwurf von vier Minen auf ein Lazarett in der Luitpoldschule. Nach vier Fehlalarmen an diesem Tag hatten die Menschen sich nicht mehr in den Schutzkeller geflüchtet.

Den wohl schwärzesten Tag erlebte Aschaffenburg am 21. November 1944: Innerhalb von 26 Minuten zerstörten die Bomben der Briten neben dem Bahnhofsumfeld fast den ganzen Stadtteil Damm. Dabei wollten die Angreifer den Rangier- und Güterbahnhof treffen, der als strategisches Ziel galt und zerstört werden sollte, um Verkehrsverbindungen und den Güterumschlag zu unterbrechen.

Doch der Wind hatte die im Volksmund als „Christbäume" bezeichneten Magnesium-Leuchtzeichen nach Nordosten – und damit in Richtung Damm – abgetrieben. Mit dieser Leuchtmunition markierten Pfadfinderflugzeuge bei Nachtangriffen das Zielgebiet für die nachfolgenden Bomber. Auf den Namen „Christbäume" wurden die tropfenartig abbrennenden Spezialbomben getauft, weil sie leuchtende Signalkörper ausspien, die während des minutenlangen Absinkens gut zu sehen waren. Dass die „Christbäume" so langsam zu Boden fielen, lag an den Fallschirmen, an denen sie befestigt waren. Die vom Wind abgetriebenen Markierungsbomben machten den Stadtteil Damm zum Zentrum des verheerenden Angriffs: Allein an diesem Tag starben 344 Menschen in Aschaffenburg, 221 davon in Damm.

Meist flogen die Bomber ihre Angriffe in der Nacht. Der Reichsluftschutzbund, ein dem Reichsluftfahrtministerium angegliederter Verband, hatte schon früh Regeln für die Verdunkelung ausgegeben, um den feindlichen Flugzeugen keine Orientierung zu bieten. Fensterscheiben und lichtdurchlässige Fensterläden mussten mit schwarzem Stoff abgeklebt werden. Als dieser nach kurzer Zeit nicht mehr erhältlich war, wurde dunkles Papier genutzt. Auch Autoscheinwerfer durften nicht leuchten und wurden bis auf einem fingerbreiten Schlitz mit Hauben oder Blenden abgedeckt – ganz zu schweigen von den Straßenlaternen. In der abgedunkelten Stadt kam der fluoreszierenden Farbe, die auch für die weißen Pfeile an der Mauer in der Stadelmannstraße 26 verwendet wurde, eine wichtige Rolle zu. „Damit wurden sogar Chausseebäume und Bordsteine gestrichen, damit sich auch Fußgänger, Fahrzeug- und Fahrradfahrer ohne Scheinwerfer zurecht fanden", erklärt Klaus Sauerwein.

Ab Winter 1944 bombardierten die Briten und Amerikaner die Stadt dann auch zur Tagzeit. Am 12. Dezember fielen in 35 Minuten 500 Spreng- und 3000 Brandbomben auf Aschaffenburg. Schloss Johannisburg wurde schwer getroffen. Die Löwenapotheke (siehe Geheimnis 03) und das Stäblerhaus als ältestes Aschaffenburger Gebäude, fielen dem Angriff am 29. Dezember 1944 zum Opfer. Die Stiftskirche wurde schwer beschädigt. Bis zum 20. März 1945 dauerten

die Luftangriffe. Dann folgte die Belagerung der Stadt: Die Nationalsozialisten hatten Aschaffenburg zur Festung erklärt, weil die kriegs-
wichtigen Mainbrücken um jeden Preis verteidigt werden sollten.
Nach schwerem Artilleriebeschuss und nachdem den Amerikanern
die Nilkheimer Eisenbahnbrücke unbeschädigt in die Hände fiel und
die Stadt somit umgangen werden
konnte, kapitulierte die Wehrmacht am
3. April, so dass die Amerikaner die Stadt
schließlich einnehmen konnten.

„Die weißen Pfeile sollten einen Hinweis geben, wo sich eventuell eingeschlossene, verletzte und hilfsbedürftige Personen befinden, die zu bergen sind."

Die Bilanz des Luftkriegs ins
Aschaffenburg verdeutlicht die ganze
Sinnlosigkeit: 544 Menschen starben bei
den Bombenangriffen. Die Stadt lag in
Trümmern: Keine der knapp 11.000
Wohnungen blieb unbeschädigt, 4550 Wohnhäuser, 181 Firmen- und
Handelsbetriebe, 39 Schul- und Verwaltungsgebäude und 17 Kultur-
bauten – darunter das Schloss und Kirchen – waren bei Kriegsende
schwer beschädigt. „Aschaffenburg war bezogen auf seine Größe als
Mittelstadt eine sehr stark zerstörte Stadt ", weiß Sauerwein.

Die verwaschenen Pfeile in der Stadelmannstraße, die heute nicht
mehr von sich aus im Dunklen leuchten, sind ein Relikt aus dieser Zeit.
Für Klaus Sauerwein erzählen sie auch die Geschichte, wie die Aschaffenburger in einer angsterfüllten Zeit versuchten, schnelle Hilfe sicher-
zustellen.

Caroline Wadenka

....

So geht's zu den Pfeilen:

Die Pfeile sind an dem Backsteinhaus in der Stadelmannstraße 26 zu sehen.

Renate Gernhardt ist von dem Wandgemälde hoch
oben an der Hauswand ganz hingerissen.

Prager Jesulein

Kraft des Glaubens an der Hauswand

Und dann bleibt man plötzlich wie verzaubert stehen und
schaut: Weit oben, am höchsten Stockwerk, ist es zu sehen:
Ein Wandgemälde, das eine große Ruhe und eine ganz
eigene Kraft ausstrahlt. Ein Knabe vor grünem Grund, auf
dem Haupt eine Krone, in der einen Hand einen Reichsapfel, die
andere hat er zum Segensgruß erhoben. Eben weil sich das Gemälde
so weit oben befindet, kann man den Gesichtsausdruck nur erahnen.
Doch es lohnt sich, mit dem Fernglas wiederzukehren und sich das
Kunstwerk aus der Nähe zu betrachten. Dann wird deutlich, was sich
durch die Ausstrahlung des Gemäldes bis dahin nur vermuten ließ:
Die Figur zeugt von enormer Tiefe und Weisheit.

Auch Gästeführerin Renate Gernhardt ist von der Darstellung
hingerissen. Ihretwegen hat sie sich näher mit dem Haus beschäftigt.
„Das Gebäude wurde 1907 vom städtischen Bezirksarzt Martin
Ammerschläger gebaut", erzählt sie. „Und er war es auch, der ganz
oben an der Seite zur Brennofengasse hin vom Aschaffenburger Kunst-

maler Adalbert Hock diese Darstellung des Prager Jesuleins anbringen ließ."

Das Original, das das Kind im Alter von etwa drei Jahren darstellt, steht in Prag und stammt aus dem 12. oder 16. Jahrhundert, je nachdem, welcher These man Glauben schenken will. Als wahrscheinlicher gilt jedoch die Annahme, es sei im 16. Jahrhundert entstanden. „Es besitzt über 100 Kleider, die ihm aus aller Welt geschenkt wurden und ist das Ziel unzähliger Pilger." Dem Prager Jesulein Gewänder als Votivgabe zu bringen, ist ein alter Brauch, und die Schenkenden sind bedeutende Persönlichkeiten: Das älteste Kleid wurde ihm in der Mitte des 17. Jahrhunderts von König Ferdinand III. (1608-1657), ab 1637 römisch-deutscher Kaiser, übergeben und ist mit feinster Goldstickerei verziert. Warum das Prager Jesulein an die Aschaffenburger Hauswand kam, konnte Renate Gernhardt nicht herausfinden. Jedoch: Von den Nachkommen weiß sie, dass die Familie damals sehr religiös war. Außerdem besaß die Ehefrau von Martin Ammerschläger, Betty, geborene Ploetz, einen Gipsabguss dieser kleinen Figur. „Die Verbindung nach Prag und wie Betty zu der Figur kam, ließ sich bisher leider nicht ermitteln", sagt Gernhardt. Wie das einst in Spanien gefertigte Jesulein aber nach Prag, respektive nach Böhmen, kam, das ist durchaus bekannt: Es gehörte der adeligen Familie Manrique de Lara – und die schenkte die Statue 1555 Maria Manrique de Lara (1538-1608) zu deren Hochzeit. 1631 wurde die Statue dem Kloster der Karmeliten in Prag übergeben – und dort als wundertätig verehrt. So soll es Prag im Dreißigjährigen Krieg vor den Schweden bewahrt haben.

Kein Wunder also, dass es einen in seinen Bann zieht, wenn man die vielbefahrene Löherstraße Richtung Main hinuntergeht, das kleine Prager Jesulein in seiner Aschaffenburger Version.

Eva-Maria Bast

....

So geht's zum Prager Jesulein:

Es befindet sich hoch oben am Eckhaus Löherstraße/Brennofengasse.

Gästeführerin Ulli Weißhaar bedauert, dass das Portal verschlossen ist.

22

Portal

Hoch über dem Main flanieren

D as Geländer hat Rost angesetzt, zwischen den Stufen kriecht der Löwenzahn hervor. Trotz dieser Spuren des Verfalls umwittert den Aufgang in der Suicardusstraße bis heute etwas Mondänes. Ein dickes Gitter versperrt seit Jahren den Zugang zu den Treppen, wo früher nach den Worten von Gästeführerin Ulli Weißhaar einiges los war. Sie kennt die Entstehungsgeschichte des auffälligen Bauwerks und weiß, wie es rund hundert Jahre lang genutzt wurde.

Wer zwischen den Gittern durchspäht, sieht, dass die Treppen links nach oben verlaufen. Früher, erzählt Ulli Weißhaar, gab es auf der rechten Seite ein ebensolches Treppenhaus, das aber zugemauert wurde. Die Stufen führen auf eine Terrasse. „Was für ein herrlicher Ausblick muss das von da oben gewesen sein", schwärmt die Gästeführerin. Und nicht nur von dort: „Das Terrassenbauwerk bildete je nachdem, aus welcher Richtung man kam, den Anfangs- oder Endpunkt eines Promenadenwegs, auf dem die Aschaffenburger hoch über dem Main zwischen hier und dem Kornhäuschen flanieren konnten", erläutert Ulli Weißhaar. 1808 war das Eingangsportal am Fuß des Hangs entstanden, als ein neu angelegter „Englischer Spaziergang", also ein Garten, geschaffen wurde.

Möglich geworden war diese Grünanlage so: Ursprünglich war der stark geneigte und mit Terrassenmauern durchzogene Hang als Weinberg genutzt worden. 1808 ließ Fürstprimas Karl Theodor von Dalberg (1744-1817) den sogenannten Oberen Hofweg anlegen, einen schmalen Fahrweg, der die Mainbrücke und die alte Hafenanlage unterhalb des Schlosses (siehe Geheimnis 33) mit dem Hochufer – genauer gesagt dem Kastanienwäldchen vor dem 1805 erbauten Kornhäuschen und dem oberen Schlossplatz – verband. Dabei ließ Dalberg einen Garten nach englischem Geschmack anlegen und Gehölze pflanzen, wie Jost Albert, Experte für Gartendenkmäler bei der bayerischen Verwaltung der Schlösser, Gärten und Seen, in einem Aufsatz über historische Parkanlagen Aschaffenburgs schreibt.

Hier kommt das Terrassenbauwerk als Gartenzugang ins Spiel: Denn nicht nur der Obere Hofweg erschloss den Garten. „Von der Aussichtsterrasse gelangte man auf den Promenadenweg, der parallel zur oberen Hangkante verlief", erzählt Ulli Weißhaar. Dieser habe neben der alten Stadtmauer bis zum Kornhäuschen geführt.

Am Kornhäuschen befand sich eine Altane, also ein vom Boden gestützter balkonartiger Anbau, der einen wunderschönen Ausblick geboten haben muss. Ulli Weißhaar zeigt Gästen, die sie durch Aschaffenburg führt, hier ein Bild, das wohl im 19. Jahrhundert an dieser Stelle entstanden ist: Zu sehen ist ein adrettes Kindermädchen mit seinen herausgeputzten Schützlingen.

Flanieren stand in Aschaffenburg aber nicht erst seit der Anlage des Oberen Hofwegs und des Promenadenwegs hoch im Kurs. Ab 1785 ließ der Mainzer Erzbischof und Kurfürst Friedrich Carl von Erthal (1719-1802) den Schönbusch als einen der ersten Landschaftsparks englischer Prägung in Süddeutschland anlegen. Das Kastanienwäldchen gegenüber von Schloss Johannisburg entstand 1798/1799 als Spazierpromenade, wie Parkexperte Jost Albert schreibt. „Nach Westen bot die Promenade auf gesamter Länge einen spektakulären und weiten Blick auf den Main und das Mainknie."

Dieser Ausblick am Hochufer über dem Main war nicht der einzige, der Aschaffenburg Ende des 19. und Anfang des 20. Jahrhunderts zu einem beliebten Ziel machte. „Es gab einen richtigen Tourismus in Aschaffenburg. Alte Bilder und Beschreibungen belegen, wie die Leute in Scharen aus Frankfurt nach Aschaffenburg kamen, um hier zu flanieren", hat Ulli Weißhaar entdeckt. Die Geschichte des Promenadenwegs hoch über dem Main endete wohl 1904: Damals kaufte der Eigentümer des Hauses in der Kleinen Metzgergasse 5 die öffentlich zugänglichen Weinbergterrassen und das Treppenbauwerk an der Suicardusstraße vom Staat zurück. „Bis dahin waren das Eingangsportal und das Haus unabhängig voneinander."

Das Anwesen, zu dem das Eingangsportal jetzt gehört, ist besser als Brentanohaus bekannt. Seinen Namen verdankt das Gebäude den Jahren zwischen 1849 und 1887, als es der Familie des bekannten Dichters Clemens Brentano (1778-1842) gehörte. „Wenige Wochen vor seinem Tod ist Clemens Brentano zu seinem Bruder Christian nach Aschaffenburg gezogen. Am 28. Juli 1842 ist er hier gestorben, sein Grab liegt auf dem Altstadtfriedhof", weiß die Gästeführerin. Sie bedauert, dass rund um das Anwesen nichts an den berühmten Vertreter der deutschen Romantik erinnert.

Ob der Dichter die Spaziergänger auf dem Promenadenweg beobachtet hat oder gar selbst hier flaniert ist, muss offen bleiben. Dass der elegante Spazierpfad hoch über dem Main nicht mehr besteht und das Portal, das an ihn erinnert, dem Zahn der Zeit anheimfällt, tut Ulli Weißhaar leid. „Schade, dass der Promenadenweg jetzt zugewuchert ist. Aber sein Verlauf lässt sich zumindest noch erahnen."

Caroline Wadenka

···

So geht's zum Portal:

Das Portal befindet sich in der Suicardusstraße 5.

23

Gepflastertes Bachbett
Zum Rauschen gebracht

Die Brücke über den Welzbach vor dem Freundschaftstempel bräuchte es bisweilen gar nicht. Immer wieder kommt es vor, dass der Bach kein Wasser führt. Ein Geheimnis im Park Schönbusch offenbart sich bei Trockenheit jedoch besonders gut: Rund um den Freundschaftstempel ist das Bachbett stellenweise mit Pflastersteinen ausgekleidet. Welchen Zweck das erfüllt, weiß Sven Spiegel, Amtsvorstand der Aschaffenburger Schlösserverwaltung: „Hier werden zwei Fliegen mit einer Klappe geschlagen", deutet er die Geschichte an.

Friedrich Ludwig von Sckell (1750-1823), der den Landschaftspark Schönbusch ab 1785 maßgeblich zu dem Gartendenkmal gemacht hat, das es heute ist, hat Wasser einmal als „die Seele eines Gartens" bezeichnet. Er wusste um den Reiz, den die Wasserspiegel, das Rauschen und die Kühle der Gewässer auf die Besucher ausüben. Dass das mehr als 200 Jahre nach der Anlage des Landschaftsparks immer noch stimmt, beweist die große Zahl an Spaziergängern, die es zum Unteren See, zur Kaskade oder zum Kanal zieht.

Die Frischwasserversorgung war jedoch von Beginn an problematisch (siehe Geheimnis 46). Zunächst zapften die Schönbusch-Verantwortlichen dem durch Obernburg fließenden Welzbach etwas Wasser ab und leiteten es zusammen mit dem im sogenannten Wildgraben gesammelten Regenwasser in den Schönbusch um. Doch je stärker die Wasserflächen wuchsen, umso drängender wurde das Problem. Die vom Erzbischof beauftragten Bauherren erwogen, die Gersprenz oder den Mömlinger Bach zu verlegen. Am Ende wurden die Ideen aber wegen der Länge oder der Eigentumsverhältnisse verworfen.

Letztlich wurde im Auftrag des Mainzer Erzbischofs und Kurfürsten Friedrich Carl von Erthal (1719-1802) entschieden, den Welzbach komplett in den Schönbusch zu leiten. Die Arbeiten am neuen Bach-

Das gepflasterte Bachbett erfüllt einen praktischen und künstlerischen Zweck, wie Sven Spiegel weiß.

bett begannen 1779 wohl unter Leitung des Architekten Emanuel Joseph von Herigoyen (1746-1817). Rechnungen aus dem Staatsarchiv belegen, dass die Bauherren des Parks dazu übergingen, das neue Bachbett zu pflastern. „Auch um unnötige Versickerungsverluste zu vermeiden", wie Sven Spiegel erläutert. Die Steine erfüllen also bis heute einerseits eine praktische Komponente.

Andererseits ist das Bachbett mit dem besonderen Untergrund aber ein künstlerisches Element. Denn das Pflaster, die Fugen und kleinen Wassertreppen beeinflussen das Fließen des Welzbachs am Freundschaftstempel. Über die glatte Steinoberfläche kann das Wasser besser fließen, zwischen den Fugen bilden sich kleine Strudel, die ein Rauschen bewirken. Die Idee der Bauherren des Landschaftsparks: Das Plätschern des Bachs vor der herrlichen Kulisse des Miniatur-Pantheons soll dem Besucher das Verweilen besonders angenehm machen. „Die Landschaftsgestaltung unterstreicht den Wert des Freundschaftstempels", sagt Sven Spiegel. Neben dem Schloss gilt dieser als das interessanteste und künstlerisch wertvollste Einzelbauwerk im Schönbusch.

„Die Landschaftsgestaltung unterstreicht den Wert des Freundschaftstempels."

Mit einem Trick erreichten die Schönbusch-Väter also zwei Ziele auf einmal: Die Versickerungsverluste wurden reduziert und zugleich ein angenehmer Landschaftseindruck kreiert. Oder wie es der berühmte Theoretiker der Gartenkunst Christian Caius Laurenz Hirschfeld nach einem Besuch des Schönbusch 1783 einmal notierte: „Alles scheint Natur, so glücklich ist die Kunst versteckt."

Caroline Wadenka

So geht's zum gepflasterten Bachbett:

Der Arm des Welzbachs mit dem gepflasterten Bachbett verläuft am Freundschaftstempel entlang. Vom Schloss Schönbusch überquert man den Kanal und nimmt den dritten Abzweig nach links.

Gertrud Maier steht am Torbogen.

Torbogen

24

Ein hingebungsvoller Ehemann

Vincenz Mayer muss seine Frau sehr geliebt haben. Zumindest widmete er ihr eine Inschrift, die er über dem Eingang ihres gemeinsamen Hauses in der Pfarrgasse einmeißeln ließ: VINCENTZ MAÜ(Y)ER MICH HIEHER GESTELT HAT, BARBARA SEINER ELICHEN HAVSFRAV, DEREN SELEN GOT GENAD steht da. „Barbara und Vinzenz Mauer wurden im Jahr 1591 als Eigentümer des Hauses genannt", sagt Gertrud Maier. Die Gästeführerin ist auf einem ihrer zahlreichen Streifzüge durch Aschaffenburg an der Inschrift vorbeigekommen und war gerührt von dieser Liebeserklärung aus dem ausgehenden 16. Jahrhundert. Sie beschäftigte sich näher mit der Geschichte dieses Hauses und fand heraus: „Vor 1500 soll es sich bei dem Anwesen um den Rienecker Hof gehandelt haben, der nach Aussterben der Grafen von Rieneck in Privatbesitz überging." Den Namen trägt das Haus noch heute.

In den *Häuserbüchern* ist dazu zu lesen: „Die Fachwerkteile wurden 1591 im EG einschließlich der Toreinfahrt durch massives Mauerwerk ersetzt, in dieser Zeit wurde auch der Verbindungsgang über der Toreinfahrt errichtet. Die Toranlage besteht aus einer rundbogigen Einfahrt mit einer daneben gelegenen Fußgängerpforte, deren früher ebenfalls rundbogiger Abschluß nachträglich gerade ausgeschlagen wurde." Das Portal sei 1975 freigelegt worden, zuvor sei das Inschriftenfeld verputzt gewesen.

Gertrud Maier merkt an: „Wie man dem Datum entnehmen kann, entstand das Haus schon, bevor das neue Schloss gebaut wurde – und nachdem der Vorgängerbau zerstört war. Dass es sich um ein Renaissancegebäude handelt, sieht man ganz deutlich am sogenannten Diamantquader, der auch für das Schloss typisch ist. Das heißt, der Renaissancestil war schon in unserer Gegend verbreitet, bevor das Renaissanceschloss gebaut wurde." Gertrud Maier ergänzt: „Wenn mir nicht die Inschrift aufgefallen wäre, hätte ich mir das Haus vermutlich nicht näher betrachtet – und dann hätte ich auch nicht entdeckt, was es noch für Besonderheiten hat." Zum Beispiel das kleine Steinmetzzeichen, das sich inmitten der Jahreszahl befindet. Doch was es mit dem Zeichen auf sich hat ist eine andere Geschichte, die wir ab Seite 24 erzählen.

Eva-Maria Bast

So geht's zum Torbogen:

Der Bogen mit der Inschrift befindet sich über dem Eingang des Hauses Pfarrgasse 8.

Klaus Eymann ist von dem filigran gearbeiteten Graenroth-Epitaph fasziniert. Er hat sich mit dessen Erschaffer Hieronymus Hack beschäftigt.

Gedenktafel

Karriere zwischen Kunst und Kanone

W er in der Stiftskirche begraben liegt oder mit einem Epitaph, also einer Gedenktafel, bedacht wurde, war nicht irgendwer in Aschaffenburg. Denn seine letzte Ruhe innerhalb der Mauern eines Gotteshauses zu finden, dieses Privileg wurde nur Mitgliedern angesehener Familien zuteil – und in Ausnahmefällen Menschen einfacheren Standes, die einen mächtigen Gönner hatten, ihrem Herren zeitlebens treu ergeben waren oder sich sehr um die Stadt verdient gemacht haben. Das gilt auch für jenen Mann, dem die Steintafel gewidmet ist, die zwischen der barocken Kanzel von Hans Juncker, dem Gemälde „Beweinung Christi" von

Matthias Grünewald und dem ottonischen Kreuz leicht übersehen werden könnte. Klaus Eymann aber weiß, an wen sie erinnert und dass eine Rechtfertigung für diese Würdigung nur wenige Meter entfernt hängt.

Die Gedenktafel für den Glockengießer ist aus Sandstein.

Einen Hinweis liefern die Glocken am oberen Rand der Darstellung. „Die Gedenktafel erinnert an den Rotgießer und Büchsenmeister Hieronymus Hack und seine Frau, die Ende des 16. Jahrhunderts lebten", berichtet der geschichtsinteressierte frühere Geschäftsführer des Medienhauses *Main-Echo*. Die Eheleute Hack wohnten im Haus „Zur Taube", dem einst unabhängigen Kopfbau der heutigen Löwenapotheke am Stiftsplatz.

Was hat es mit diesem Beruf auf sich? „Hack war Glocken- und Kanonengießer, denn bis ins 19. Jahrhundert waren diese Berufe meist in Personalunion verbunden", erzählt Eymann weiter. Ein Beispiel von Hacks Arbeit, eine 1589 gegossene Glocke, hing über Jahrhunderte im Seligenstädter Rathaus. Während Hack in Friedenszeiten Glocken goss, wurde das Metall in Kriegszeiten häufig eingeschmolzen und zu Kanonen verarbeitet.

„Die Glockengießer waren sehr wichtige Leute", berichtet Eymann. Davon zeugt auch Hacks Anstellung beim Mainzer Kurfürst und Erzbischof Daniel von Brendel (1523-1582), der ihn am 26. Mai 1578 als Hofbüchsenmeister in Aschaffenburg angenommen hatte. „Er arbeitete in Mainz und Aschaffenburg", erzählt Klaus Eymann und verweist auf die 26 Zentner schwere Zwölfuhr-Glocke des Mainzer Doms, die Hack 1598 goss.

Damit war das Repertoire von Hack aber nicht erschöpft. Auch künstlerisch hinterließ der Eisengießer beeindruckende Werke, zum Beispiel ein im Mainzer Landesmuseum ausgestelltes Tintenfass, das Hieronymus Hack für den Mainzer Kurfürst Wolfgang von Dalberg (1537-1601) geschaffen hat. Es zeigt einen Löwen und den heiligen

Hieronymus. „Das zeugt von einem gewissen Selbstbewusstsein, dass er seinen Namenspatron auf dem Tintenfass für den Kurfürst dargestellt hat", sagt Eymann.

Ein paar Schritte von der Gedenktafel zu Ehren des Glockengießers in der Stiftskirche entfernt, zeigt Klaus Eymann ein weiteres Beispiel für Hacks Kunstfertigkeit. An einem Pfeiler des Hochschiffs der Basilika ist eine reich verzierte Gedenktafel aus Bronzeguss zu bewundern. „Hack hat es zum Andenken an den Vizedom Melchior von Graenroth angefertigt", erzählt er. In seiner Funktion stand Graenroth (1511-1578) dem Vizedomamt vor, einer Verwaltungseinheit der Kurmainzer Herrschaft.

Hack war nicht der einzige Aschaffenburger Glockengießer: Das Handwerk ist vom 15. bis zum 20. Jahrhundert in der Stadt nachgewiesen. Die Gedenktafeln in der Stiftskirche deuten seine Sonderstellung an. Hacks Werke wie die in Seligenstadt noch erhaltenen Glocken, das Tintenfass für Kurfürst Wolfgang von Dalberg und die künstlerisch herausragende Grabplatte für den Vizedom Melchior Graenroth in der Stiftskirche lassen vermuten, dass der Renaissance-Glockengießer alle in handwerklicher und künstlerischer Hinsicht übertraf.

Caroline Wadenka

....

So geht's zur Gedenktafel:

Die Gedenktafel für den Glockengießer Hieronymus Hack und seine Frau befindet sich in der Stiftsbasilika am Ende des linken Seitenschiffs. Das von ihm geschaffene kunstvolle Graenroth-Epitaph hängt an der Pfeilerarkade im Hochschiff gegenüber der Kanzel von Hans Juncker.

26

Menhir

Merkwürdiges mitten in der Fasanerie

Hat Obelix diesen Park besucht und hier aus Versehen seinen Hinkelstein fallen lassen? Ein bisschen erinnert der große, längliche Stein, der da vor einem gespaltenen Felsen auf dem weichen Waldboden liegt, schon an die riesigen Brocken, die die berühmte Comic-Figur stets auf dem Rücken trägt. Nach Ausführungen des verstorbenen Oberlehrers Hermann Fischer könnte es sich tatsächlich um einen Menhir handeln, wie Hinkelsteine von Wissenschaftlern bezeichnet werden. Als Menhir lässt sich der bemooste Steinblock auf den ersten Blick allerdings nicht erkennen, da er umgekippt am Boden liegt und nicht mehr nach oben ragt.

Die Bezeichnung „Menhir" kommt aus der Bretagne, maen-hir bedeutet dort schlicht „langer Stein". Und lang ist der Stein wirklich, fast drei Meter. Eine weite Reise hat er aber nicht hinter sich: „Die rautenförmige Stele hat zwei spitze Enden. Das westliche ist pyramidenförmig und bruchrau, das eher mehr gerundet und verwittert. Der Stein ist offenbar aus dem gleichen Material, wie die beiden aufrechten Felsplatten neben ihm und stammt vermutlich aus einem alten Steinbruch 100 Meter weiter nördlich, dessen ähnlich hohe Bruchkante solche Brocken wohl hergegeben hat", sagt der geschichtsinteressierte Aschaffenburger Hans Sommer.

„Dass der Standing Stone, wie man Menhire in England nennt, nicht mehr in die Höhe ragt, sondern flach auf dem Boden liegt, hat man sich bisher auch damit erklärt, dass er im Zweiten Weltkrieg vom Luftdruck der Bomben umgerissen worden sei", fährt Sommer fort. Ähnliches vermutete auch der Oberlehrer Hermann Fischer, als er 1952 schrieb: „Die Bomben, die 1944 in die Fasanerie fielen, hatten wohl auch seinen Stand gelockert, Bubenhände warfen ihn dann vollends um." Das will Sommer allerdings nicht recht einleuchten. Er sagt: „Vermutlich wurde die circa zwei Tonnen schwere, 2,80 Meter lange Gneisstele nicht einfach nur umgestoßen, sondern mit Vorbedacht flach gelegt und von dem Punkt, an dem sie Hermann Fischer gesehen hat, nämlich drei Meter vor den aufrechten Felsplatten, weg gehebelt, sodass sie jetzt sieben Meter entfernt liegt. Das müssen kräftige Leute mit langen Brechstangen gemacht haben." Durch das Wegräumen des Steins sei seine Pfahlgrube für das Pflanzen der heute 70 bis 80 Jahre alten Rotbuche entstanden: „Die Buche steht nun mitten in dieser Steingruppe", unterstreicht Sommer.

Hermann Fischer hat sich in der Zeit des Zweiten Weltkriegs offenbar häufig in der Nähe „seines" Menhirs aufgehalten. In einem Aufsatz schreibt er: „Noch 1943 konnte ich feststellen, daß, wenn man sich gegenüber den Rundsteinen am Rande des Halbrundes hinkniete und über die Steinkimme hinweg die Spitze des Menhirs (Säulensteins) anvisierte, diese Richtung genau nach Norden wies." Die Steine, die er hier anspricht, sind offenbar die beiden schon erwähnten aufrechten Felsen. Sommer zeigt auf zwei Gneisplatten, die unweit des Hinkelsteins, gegeneinander gelehnt, etwa 1,5 Meter in die Höhe ragen. Sie sind an ihren Kanten abgeplatzt und bilden mit ihrem keilförmigen Spalt tatsächlich eine Art Kimme. Er hat dafür aber eine wesentlich einfachere Erklärung als Fischer: „Bei ähnlichen Felsformationen auf dem Godelsberg, auf dem Grauberg und im Felsmeer des Stengerts im Stadtteil Schweinheim geht man davon aus, dass solche Spalten in einer Warmzeit der Erdgeschichte durch Huminsäuren und Regen entstanden sind. „Die Geologen sprechen hier von einer Matratzen- oder Wollsackverwitterung", sagt er.

Sommer weiß, dass wegen der merkwürdigen Steinanordnung vermutet wird, es handele sich hier um einen Thingplatz, also eine alte Gerichtsstätte. Laut Hermann Fischer deutet darauf auch der Name Schiedterwald hin, den er auf einer alten Karte im Bereich östlich von Aschaffenburg gelesen hat. Dem Grimm'schen Wörterbuch ist zu entnehmen, dass „Schiedter" ein Synonym für Richter, aber auch für Teufel ist. „Was nun die beiden miteinander gemeinsam haben sollen, das könnte vielleicht daraus erhellen, daß in Vorzeiten das Gericht jeweils unter einer Eiche gehalten wurde, die dem Tius bzw. Donar geweiht war", erläutert Fischer in seinem Aufsatz. „Beiden ist der Blitz sowohl wie das Feuer heilig und beide waren auch als Wahrer des Rechts angesehen. Wenn aber nach der Verchristlichung der alte Tius (Donar) zum Teufel gestempelt wurde, dann ist uns der Zusam-

Nein, Obelix war hier nicht spazieren. Aber Hans Sommer. Und er hat dabei diesen umgekippten Hinkelstein gefunden.

menhang zwischen Richter und Teufel schon eher klar geworden. Schiedterwald wäre also gleichbedeutend mit Teufelswald oder Gerichtsstätte."

Fischer weist auch darauf hin, dass „an dieser Stelle auch nicht der sogenannte Thinghügel, eine nicht allzu hohe, aber ziemlich in die Breite gezogene Bodenerhebung" fehle, „die sich aus dem sonst hier noch flachen Gelände heraushebt." Und für eine ebensolche, vor-

christliche Gerichtsstätte sei eine solche Peilanlage geradezu unent-
behrlich gewesen. „War es doch Gesetz, daß bei jedem Gericht der
Richter genau im Norden seinen Sitz hatte, der Angeklagte aber im
Angesicht seines Gottes stehen mußte, dessen Wohnsitz man sich im
Norden dachte." Gebete seien immer mit nach Norden gewandtem
Gesicht gesprochen worden. Der Oberlehrer erklärt in seinem Schrift-
stück auch, warum man sich dazu
nicht einfach nach dem Polarstern
richtete: „Das war aber deshalb
nicht gut möglich, weil vor einigen
tausend Jahren der Polarstern noch

*„Die Geologen sprechen hier
von einer Matratzen- oder
Wollsackverwitterung."*

weit abseits des wirklichen Himmelspoles lag. Um nun nicht immer
wieder von neuem die vorgeschriebene Himmelsrichtung zu berech-
nen oder konstruieren zu müssen, was auch dem Kundigen nicht ganz
leicht gefallen sein mag, so stellte man eben wohl solche Peilanlagen
an den kultisch wichtigen Plätzen auf. Sie sind ja auch von der Vorge-
schichtsforschung an verschiedenen Orten bereits wissenschaftlich
nachgewiesen worden."

Da klaffen Fischers Deutungen und Sommers Wissen doch ziem-
lich auseinander. Auf die Frage, woran das wohl liegen mag, antwortet
Sommer lächelnd: „Nun ja, das war schon eine andere Zeit vor 70, 80
Jahren."

Eva-Maria Bast

So geht's zum Menhir:

*Hinter dem Kronberg-Gymnasium zweigt vom Weg zum Forsthaus ein
Weg zur Moltkestraße ab. Nach 40 Schritten sieht man den Hinkelstein
vor einer Buche liegen, dahinter die Felsenkimme.*

Haus am Haus

Erinnerungen an die Vorgängerbauten

Dieses Geheimnis ist ein Dreifach-Geheimnis. Sozusagen. Denn es hat drei Standorte und drei Relikte. Doch diesen drei Relikten ist eines gemein: Es handelt sich um kleine Häuser – vollplastisch oder als Relief –, die an großen Häusern angebracht sind. Gästeführerin Renate Gernhardt hat alle drei entdeckt und ihre Geschichten recherchiert.

Das erste „Haus am Haus" ist besonders niedlich: Vollplastisch und auf einer auskragenden Konsole stehend, hebt es sich in der Herstallstraße 26 (siehe Geheimnis 40) von dem reich geschmückten, roten Sandsteingebäude ab. „Das ist das Modell des Vorgängerbaus, der bis 1908 hier stand", hat die Aschaffenburgerin herausgefunden. Und sie weiß noch mehr: „Die Geschichte des ursprünglich viel größeren Anwesens geht weit zurück in die Zeit, als es den Herren von Wasen gehörte und den Hausnamen „Riesen" hatte. Im 16. Jahrhundert entstand aus dem Adelshof ein Gasthof, ab 1700 wurde dort Salz verkauft: „Nun war das Haus an die Saline Bad Orb verpachtet und wurde Salzhaus genannt", umreißt die Gästeführerin die wechselvolle Geschichte. In königlich-bayerischer Zeit war es dann mit der Salzlagerung in dem Gebäude vorbei, selbige zog in die Suicardusstraße und der „Riesen" wurde als Gasthof weiterbetrieben, bis 1908 der Abriss folgte. „Obwohl auch der Nachfolgebau mit seinem reichen Figurenschmuck wirklich prachtvoll ist", kommentiert Renate Gernhardt, „empfinde ich es als eine schöne und respektvolle Geste, das alte Haus an der neuen Fassade darzustellen."

Das nächste „Haus am Haus" kann man an der Herstallstraße 14, also an der Straußapotheke, entdecken, ein besonders reich geschmücktes Gebäude in grünem Sandstein, das auch eine bronzene Straußenfigur ziert. „Die Menschen bemerken meist nur den großen Strauß und übersehen das kleine Relief darüber, das ein Haus zeigt – eben auch wieder den Vorgängerbau", sagt Renate Gernhardt, die auch

Renate Gernhardt balanciert ein kleines Haus auf ihrer Hand.

weiß, dass der riesige Vogel seine Existenz dem Gründer der Apotheke oder besser dessen Nachnamen zu verdanken hat. „1805 eröffnete Anselm Strauss in dem Vorgängerbau eine Apotheke und stockte das Haus auf drei Stockwerke auf." In der Folgezeit sei es durch verschiedene Hände gegangen, dann kaufte es 1894 der Apotheker Ludwig Ostermeier. Unter ihm wurde das Haus abgebrochen und 1906 der heutige Bau mit Bronzestrauß und Hausrelief errichtet.

> „Wieder ein Steinrelief, das den Zustand des sich bis 1903 dort befindlichen Anwesens, des Alten Stadtrentamts, zeigt."

Das dritte Beispiel befindet sich an der Ecke Schlossplatz 7/Schlossgasse 30. „Wieder ein Steinrelief, das den Zustand des sich bis 1903 dort befindlichen Anwesens, des Alten Stadtrentamts, zeigt", sagt Renate Gernhardt. „Es bestand ursprünglich aus mehreren Gebäudeteilen, die um 1600 zu einem repräsentativen Anwesen zusammengeschlossen wurden." Damals, genauer: 1594, ließ der Mainzer Erzbischof Wolfgang von Dalberg (1538-1601) die drei Häuser durch eine einheitliche Fassade zusammenlegen. In dem Gebäude waren die Kurmainzische Oberkellerei und später das Königliche Stadtrentamt untergebracht – und das, bis das Haus 1904/05 neu gebaut und der Vorgängerbau an der Fassade verewigt wurde. Selbst die Marienfigur vom alten Haus wurde am Neubau wieder aufgestellt und grüßt seither zweimal herunter: klein und groß.

Eva-Maria Bast

....

So geht's zum Haus am Haus:

Dieses Phänomen gibt es gleich drei Mal in Aschaffenburg: in der Herstallstraße 26 und 14 sowie am Schlossplatz 7.

Für Rainer Tropp symbolisiert das Mauerstück in der Aschaffenburger Grünewaldstraße sowohl die deutsche Teilung als auch die Wiedervereinigung.

28

Berliner Mauer

Vom Todesstreifen an den Untermain

E ine markante Wand reckt sich mitten im Villenviertel an
der Grünewaldstraße im Osten Aschaffenburgs in die
Höhe. Ein Schild lässt keinen Zweifel: Es handelt sich um
ein Stück Berliner Mauer, die von 1961 bis 1989 stand und
das Symbol der deutschen Teilung war. Aber wie ist das Betonelement
ins knapp 470 Kilometer entfernte Aschaffenburg gekommen?

Zu verdanken ist das dem Aschaffenburger Künstler Siegfried
Rischar (1924-2009), wie der Architekt und Städteplaner Rainer Tropp
erzählt. Denn der bekannte Maler und Grafiker habe sich immer wieder mit der deutsch-deutschen Grenze, der Teilung und auch der
Mauer künstlerisch auseinandergesetzt.

1986 errang Siegfried Rischar mit dem Wandbild „Der Rosengruß" den dritten Preis beim Ideenwettbewerb „Überwindung der
Mauer durch Bemalung der Mauer", den das *Berliner Mauermuseum*

– *Museum Haus am Checkpoint Charlie* ausgelobt hatte. „Hände waren für Rischar das prägende Symbol, auch in diesem Entwurf fehlen sie nicht", weiß Rainer Tropp. Eine von ihnen hält eine Rose, durchbricht zwar die Mauer, bleibt aber im Stacheldraht stecken. Die andere Hand ist mit Fesseln gebunden. „Ich wollte den Wunsch verdeutlichen, dass jeder mit dem anderen zusammenkommen will, durch politische Verhältnisse und inzwischen auch durch ein gewisses Auseinanderleben es aber nicht schafft", zitierte das *Main-Echo* Rischar 1986 nach der Prämierung.

Eigentlich sollte der Künstler den Entwurf schon in jenem Jahr auf einem Mauerstück umsetzen, war dazu aber zeitlich nicht in der Lage. Die Lebensgefährtin des inzwischen gestorbenen Siegfried Rischar, Margaret Peters, erinnert sich, dass das *Mauermuseum – Museum Haus am Checkpoint Charlie* Rischar Anfang 1990 – und damit nach dem Fall der Mauer am 9. November 1989 – erneut bat, ein Mauersegment künstlerisch zu gestalten. „Das Angebot fasziniert mich geradezu", quittierte Rischar die Nachricht damals laut einem Bericht im *Volksblatt*. Wenig später bemalte er nach Aussage von Peters das Segment in Berlin.

Wie kam aber nun ein Mauerstück nach Aschaffenburg? Zum Dank für seine künstlerische Auseinandersetzung mit der deutschen Teilung schenkte das Mauermuseum dem Aschaffenburger Künstler 1991 ein 2,5 Tonnen schweres Stück der Berliner Mauer. „Als es angeliefert wurde, war es sehr hektisch, denn die Grünewaldstraße musste gesperrt werden", erinnert sich Margaret Peters. Hier hatte Siegfried Rischar sein Atelier. Das geschenkte Segment war noch ohne jede Gestaltung, schon bei der Anlieferung kündigte Rischar an, den in Berlin umgesetzten „Rosengruß" auf einer Seite erneut zu malen. Und auch die andere Seite des Mauerstücks gestaltete Rischar künstlerisch. Der Wert des Relikts stieg dadurch von 30.000 auf 50.000 Mark.

3,25 Meter ist das Mauersegment hoch. Von der Straße aus betrachtet ist es noch höher, denn der Garten des Ateliers, in dem es steht, liegt etwas erhöht. Den Abschluss des Mauerstücks bildet eine Betonröhre, die das Übersteigen erschweren sollte. Laut Margaret Peters war diese bei der Anlieferung des Wandsegments vergessen worden und musste nachgeliefert werden. Der „antifaschistische

Schutzwall", so die Bezeichnung auf DDR-Seite, wird so auch physisch erlebbar. Rainer Tropp findet die Wahl des Standorts aus einem weiteren Grund gelungen: „Das ist auch ein Lehrobjekt, schließlich ist das Dalberg-Gymnasium direkt nebenan."

Die Seite, die früher dem Ost-Teil Berlins zugewandt war, ist am mächtigen Fundament und der Gestaltung zu erkennen. „Hier wird die Befreiung gezeigt: Einem Menschen mit Ketten am Handgelenk wird über die Mauer geholfen. Er blickt von unten etwas skeptisch, wie es wohl werden wird, wenn er in West-Berlin ist", so Tropp. Die für Rischars Bilder und Darstellungen so typischen Hände fehlen auch hier nicht.

Den Teil der Mauer, der auf die Westseite Berlins blickte, ziert der etwas abgewandelte „Rosengruß": Eine Hand mit Rose durchbricht die Mauer, wird aber vom Stacheldraht gebremst. Eine zweite Hand strebt ihr entgegen, aber nur mit den kleinen Fingern gelingt die Berührung. Ein neues Element ist die Friedenstaube, die im Verlauf der Jahrzehnte wie auch die anderen Darstellungen verblasst ist.

2017 schenkten die Töchter von Siegfried Rischar das Mauerstück der Stadt Aschaffenburg. An den Kanten ist das Segment inzwischen brüchig geworden. „Das ist ganz schlechter Beton, da geht der Frost rein", sagt Rainer Tropp. Er bedauert, dass das Zeugnis der deutschen Teilung nach und nach kaputt geht: „Es müsste eigentlich restauriert oder zumindest vor dem Wetter geschützt werden."

Caroline Wadenka

....

So geht's zur Berliner Mauer:

Das Stück Berliner Mauer steht im Garten des Hauses Grünewaldstraße 20a und ist von der Straße aus zu sehen.

29

Metallklappe
Für den eigenen Schutz

Zentimeterdickes Metall, zwei wuchtige Scharniere und ein dicker Knopf verschließen die Kelleröffnung des Weinhauses Stegmann in der Kleberstraße. Von den Kellerfenstern ringsum unterscheidet sich der Verschluss stark. „Die Klappe fällt auf, denn sie ragt ein bisschen in den Gehweg hinein", sagt Klaus Sauerwein, der sich in der Kulturinitiative Ringheim engagiert und intensiv mit der Geschichte des Zweiten Weltkriegs beschäftigt. Dabei ist er auch auf die massiven Kellerverschlüsse aufmerksam geworden. Warum wurde die Öffnung so stark geschützt?

Um zu erklären, was es mit den Metallklappen auf sich hat, muss Sauerwein etwas weiter ausholen. Schon im Ersten Weltkrieg hatten Zeppeline und Flugzeuge auch Städte hinter den Frontlinien angegriffen. Diese Erfahrung hatte zur Folge, dass in Deutschland nach Wegen gesucht wurde, die eigene Bevölkerung vor Luftangriffen zu schützen. Doch erst das Pariser Luftfahrtabkommen von 1926 räumte dem deutschen Staat die Möglichkeit ein, Maßnahmen für zivilen Luftschutz zu treffen. 1927 wurde der „Deutsche Luftschutz" ins Leben gerufen. Nach der Machtergreifung der Nationalsozialisten im Jahr 1933 wurde das Luftschutzamt vom Reichswehrministerium ins Reichsluftfahrtministerium von Hermann Göring (1893-1946), zu diesem Zeitpunkt ein führender Nationalsozialist und späterer Oberbefehlshaber der Luftwaffe, übertragen. Die Nationalsozialisten gründeten den Reichsluftschutzbund, der die Bevölkerung in Luftschutzmaßnahmen ausbildete.

Auch wenn für die Nationalsozialisten im Laufe der Vorbereitungen auf den Zweiten Weltkrieg Rüstung und Autarkie im Vordergrund standen, begannen die Behörden ab 1936 auch, den zivilen Luftschutz voranzutreiben. Ein Bestandteil dessen war der sogenannte Selbstschutz, also die Frage, wie sich der Einzelne gegen die Gefahren des Luftkriegs wappnen könnte. Die Wohnhäuser spielten dabei eine zen-

Hinter Metallklappen wie dieser in der Kleberstraße suchten die Menschen im Zweiten Weltkrieg bei Fliegeralarm Schutz, wie Klaus Sauerwein weiß.

trale Rolle. Es sollten Zufluchtsräume im Keller eingerichtet werden, die gekennzeichnet, freigemacht, ausgestattet und eben auch abgedichtet werden mussten. Bei Fliegeralarm sollten sich die Hausbewohner, die bei Übungen das richtige Verhalten gezeigt bekommen hatten, in diesen Räumen in Sicherheit bringen.

Doch gerade in der Vorkriegszeit seien die Luftschutzmaßnahmen nicht richtig ernst genommen worden, berichtet Sauerwein. Das lag auch daran, dass führende Nationalsozialisten lange die Gefahr eines Luftkriegs herunterspielten. Als der Zweite Weltkrieg 1939 ausbrach, wurden Luftangriffe aber bald auch für die deutsche Bevölkerung Realität. Der Historiker Alois Stadtmüller schreibt in seinem Buch *Aschaffenburg im Zweiten Weltkrieg*, dass die Luftschutzmaßnahmen in der Stadt seit dem Kriegsausbruch und dann sogar noch einmal im letzten Kriegsjahr 1944 forciert wurden.

Wann der Metallverschluss in der Kleberstraße zur Sicherung des Kellerraums eingebaut wurde, lässt sich heute nicht mehr herausfinden. Irene Kozik, geborene Stegmann, kam 1938 zur Welt und wohnte bei Ausbruch des Zweiten Weltkriegs mit ihrer Familie in dem Haus. Noch heute lebt sie in ihrer alten Heimat Aschaffenburg. Bei Fliegeralarm, der meist nachts kam, brachten sich die Stegmanns in dem verstärkten Kellerraum in Sicherheit. Schon ab 1940 waren die

Dort, wo heute ein Knopf auf dem Metallverschluss ist, befand sich früher ein Hebel. Damit konnten Rettungskräfte die Klappe öffnen, um Menschen zu bergen.

Sirenen in Aschaffenburg immer wieder ausgelöst worden. „Es war unangenehm in dem Keller, denn wir mussten immer nachts runter. Es war laut", erinnert sie sich. Dank der Metallklappe habe sie sich als kleines Mädchen aber sicher gefühlt.

Die Verschlüsse schützten vor Splittern, waren meist feuerfest und verhinderten dank einer entsprechenden Dichtung laut Sauerwein, dass Gas eindrang. Zur weiteren Ausstattung der Schutzräume gehörten Wassereimer und -spritze, Löschsand und Gasmasken, an die sich Irene Kozik allerdings nicht erinnert. „Das war eine behelfsmäßige Schutzeinrichtung", sagt Klaus Sauerwein. Denn anders als Luftschutzbunker, die gezielt geplant, gebaut und mit meterdicken Mauern versehen waren, seien die privaten Schutzräume allenfalls mit Stützbalken oder Eisenträgern verstärkt worden. Direkten Bombentreffern hätten sie wohl nicht Stand gehalten.

Dort, wo früher der Hebel zum Öffnen der Klappe saß, befindet sich nun ein dicker Metallknopf, wie das Mitglied der Kulturinitiative Ringheim weiß. Der Hebel habe es Feuerwehr oder Luftschutzrettern erlaubt, die Metallklappe zu öffnen und Menschen zu bergen. Irene Kozik erinnert sich vor allem an den Verschluss als Notausstieg, denn auch von innen hatte die Metallklappe einen Hebel: „Die Tür war dazu da, dass wir rauskonnten." Eine Leiter, um zur Öffnung nach oben zu gelangen, sei ihr zwar nicht im Gedächtnis, was angesichts ihres damals jungen Alters aber nicht verwundert.

Zwischen 27. September 1944 und 20. März 1945 flogen die Alliierten verschiedene Luftangriffe auf Aschaffenburg. Mehr als 500 Menschen starben, das Stadtzentrum, der Stadtteil Damm und das Bahnhofsgebiet wurden nahezu völlig zerstört (siehe Geheimnis 20). Auch die Kleberstraße lag in Schutt und Asche. Die Härte der Angriffe auf die Stadt lag darin begründet, dass die Nationalsozialisten die Stadt zur „Festung" erklärt hatten und sie unter allen Umständen halten wollten.

Zum Zeitpunkt der schweren Bombenangriffe auf Aschaffenburg war Familie Stegmann schon nach Mönchberg im Spessart übergesiedelt. „Wir waren mindestens zwei Jahre in Mönchberg", erzählt Irene Kozik, die an diesen Zufluchtsort dank Garten und Schwimmbad im Dorf sehr gute Erinnerungen hat. Als die Familie nach dem Zweiten Weltkrieg in die Kleberstraße zurückkehrte, sei der Großteil der Häuser zerstört gewesen – auch das Vorderhaus, in dem sich der Schutzkeller befunden hatte.

Nach dem Krieg wurde das Gebäude wieder aufgebaut. Die Familie lebte vorübergehend im Hinterhaus, das stehen geblieben war. Ob die Kellermauern mit dem Metallverschluss die Angriffe überdauert hatten oder das Bauteil geborgen und wiederverwendet wurde, kann Irene Kozik nicht beantworten. „Jetzt ist es ein Keller für den Wein", erzählt sie, „und der ist nur noch vom Haus aus zugänglich." Der Hebel, mit dem sich die Klappe von außen öffnen ließ, ist inzwischen beseitigt, um Einbrechern keine Einstiegsmöglichkeit zu bieten.

Waren die Luftschutzmaßnahmen erfolgreich? Bei der Beurteilung dieser Frage hilft ein Artikel, der 14 Jahre nach Kriegsende in der Zeitschrift *Ziviler Bevölkerungsschutz* des Bundesluftschutzverbands erschienen ist. Darin wird über Aschaffenburg unter der Überschrift „Beispiel der Bewährung" berichtet und anhand von drei Bombenangriffen dargelegt, wie die Menschen dank ihres disziplinierten Verhaltens und der nötigen Einrichtungen sich gerettet und Millionenwerte erhalten haben.

Klaus Sauerwein blickt zwiespältig auf die Metallklappe. „Die Schutzkeller waren besser als nichts", sagt er. Dennoch empfindet er die Luftschutzmaßnahmen der Nationalsozialisten als „betulich". Dass den Bombern der Alliierten mit Löschsand-Tüten, Wassereimern und Metallklappen nicht beizukommen war, hat Aschaffenburg zwischen September 1944 und März 1945 schließlich schmerzlich erfahren müssen. Familie Stegmann hatte sich damals nicht mehr auf den Schutzraum hinter der Metallklappe verlassen, sondern schon Schutz im Umland gesucht.

Caroline Wadenka

....
So geht's zur Metallklappe:

Die Metallklappe befindet sich am Weinhaus Stegmann in der Kleberstraße 7.

Einer der zahlreichen Kurvensteine in Aschaffenburg.

30

Kurvenstein

Wenn's der Fuhrmann eilig hatte

Wenn heute jemand die Kurve kratzt, tut er das in voller Absicht: Er geht – und zwar zügig. Und vor allem: ohne einen Stein zu beschädigen. Wer im Mittelalter die Kurve kratzte, tat dies aber unabsichtlich. In Aschaffenburg gibt es viele Stellen, an denen sich der Ursprung der Redewendung „die Kurve kratzen" bestens nachvollziehen lässt. Große Steine an Hausecken oder Hofeinfahrten sind noch heute als Relikte sichtbar. Sie wurden einst angebracht, damit die Wagen mit den Naben an den Rädern die Häuser nicht beschädigten, wenn sie um die Kurve fuhren.

Denn die Straßen waren eng, meistens auch noch krumm und die Fuhrwerke wenig wendig. Und Fahrzeuge gab es jede Menge in der Stadt: Kaufleute aus Nah und Fern versuchten, gute Geschäfte zu machen, Bauern lenkten die Wagen mit der Ernte in die Hofeinfahrten. Auch ansonsten war viel los: Bürger gingen ihrer Wege, Bauern trieben ihr Vieh zum Markt, Hunde, Schweine und andere Tiere rannten durch die unbefestigten Gassen.

Kein Wunder also, dass so manche Häuserecke in Mitleidenschaft gezogen wurde, wenn wieder einmal zwei Wagen nur haarscharf aneinander vorbei passten und die Fahrer die Breite des Weges ausnutzen mussten oder wenn jemand mit seinem Fuhrwerk gar zu schnell durch die Straßen fuhr.

Die Bewohner der Häuser, deren Ecken derart von den Wagen beschädigt wurden, hatten es natürlich bald satt, ständig Ausbesserungsarbeiten an ihren Häusern vornehmen zu müssen. Also fingen sie an, große Felsbrocken vor die Ecken zu stellen. Künftig blieben die Karren nicht an den Häuserecken hängen, sondern an den vorgelagerten Steinen. Die konnten, waren sie allzu sehr beeinträchtigt worden, entweder wieder aufgerichtet oder ersetzt werden. Doch mit den Kratzsteinen wurden die Gassen noch enger. Jetzt kratzten die Fuhrmänner zwar nicht mehr die Kurve, rammten aber den Fels. Wenn es ihnen dennoch gelungen war, durch die Stadt zu fahren, ohne sich angesichts der widrigen Straßenverhältnisse das Fuhrwerk zu ruinieren, konnten sie mit Fug und Recht behaupten: „Ich habe gerade noch einmal die Kurve gekriegt."

Eva-Maria Bast

....

So geht's zum Kurvenstein:

Kurvensteine sind an zahlreichen Gebäuden in der Aschaffenburger Innenstadt zu finden, zum Beispiel in der Schlossergasse.

Rund und eckig zugleich: Elsje Jessen ist vom Speisesaal im Park Schönbusch fasziniert.

Speisesaal

Ein Pavillon des Mopsordens?

W as für eine bemerkenswerte Architektur", schwärmt Elsje Jessen beim Anblick des Festsaals im Park Schönbusch, meist als „Speisesaal" bezeichnet. Quadrat und Kreis verbinden sich im Grundriss des Gebäudes zu einem außergewöhnlichen Ganzen. Für Elsje Jessen steckt mehr dahinter: Sie meint, in der Form und Gestaltung des Speisesaals freimaurerische Elemente zu erkennen. Haben hier Mitglieder einer Loge gewirkt?

Freimaurer sind ein ethischer Zusammenschluss, der sich in sogenannten Logen organisiert. Die Ursprünge dieser heutigen Organisationsform gehen auf den Anfang des 18. Jahrhunderts zurück. Freimaurer haben sich den aufklärerischen Werten Toleranz, Brüderlichkeit, Freiheit und Menschlichkeit verschrieben. Das Ziel ist, durch die ständige Arbeit an sich selbst ein besserer Mensch zu werden. Bei den Treffen tauschen sich Gleichgesinnte im geschützten Raum aus, die Pflicht zur Verschwiegenheit sichert den freien Meinungsaustausch.

Elsje Jessen stammt gebürtig aus den Niederlanden und ist seit 1989 Freimaurerin. Seit einigen Jahren beschäftigt sie sich intensiv mit englischen Landschaftsgärten und deren Bezug zur Freimaurerei. Auch im Park Schönbusch, der ab 1775 angelegt wurde, entdeckt sie mehrere Anhaltspunkte dafür, die bisweilen jedoch nur von eingeweihten Mitgliedern als solche erkannt werden. „In jedem englischen Landschaftspark gibt es ähnliche Elemente, aber sie sind nie gleich."

Schon der Charakter als Volkspark, also für jedermann zugänglich, verkörpert für Elsje Jessen den aufklärerischen Gedanken. Denn die Freimaurerei vereint Menschen aller sozialen Schichten: „In allen Parks, die von Freimaurern angelegt worden sind, war zumindest ein Teil öffentlich", sagt sie.

Ob zwei für die Anlage maßgebliche Personen, der Mainzer Erzbischof und Kurfürst Friedrich Carl von Erthal (1719-1802) und der Architekt Emanuel Joseph von Herigoyen (1746-1817) Freimaurer waren, ist nicht nachgewiesen. Kontakte könnten aber bestanden haben. In einem Beitrag des *Aschaffenburger Jahrbuchs* zur Geschichte der Freimaurerei in der Stadt wird angenommen, dass Erthal Freimaurer war. Sicher ist, dass 1804 und 1810 Logen in Aschaffenburg gegründet wurden. Zu dieser Zeit war der Schönbusch aber bereits weitgehend angelegt.

Woran macht Elsje Jessen ihre Vermutung fest, der Speisesaal könnte freimaurerisch geprägt sein? Dazu blickt sie in die Mitte des 18. Jahrhunderts zurück: Immer wieder sahen und sehen sich Freimaurer Verfolgung ausgesetzt. 1738 verbot der damalige Papst Clemens XII. (1652-1740) die Freimaurerei, seine Nachfolger erneuerten das Verbot. Im Fall einer Entdeckung drohte katholischen Freimaurern die Exkommunikation. „Um das zu umgehen, gründeten katholische Freimaurer um 1740 den Mopsorden, eine Gesellschaft freimaurerischer Prägung", berichtet sie. Der namensgebende Hund habe in diesen Kreisen als Symbol der Treue und Zuverlässigkeit gegolten. Die Angehörigen der Loge nannten sich Möpse.

Anhand einer bekannt gewordenen Grafik zum Ritual dieses Bundes hat Elsje Jessen Parallelen zum Speisesaal im Schönbusch gezogen: Der Aufbau besteht aus einem Quadrat und Rundungen, verschiedene Elemente sind darin angeordnet. Das Runde stehe dabei für den Zirkelschlag: Der Zirkel ist zentrales Element der Freimaurer, der Zirkelschlag symbolisiert laut Elsje Jessen die Liebe.

Als weiterer Anhaltspunkt für den möglichen freimaurerischen Bezug nennt sie die Decke: „Sie ist fast wie offen, denn in die Kuppel wurde der Himmel gezeichnet." In der Freimaurerei gebe es an den Decken oft gemalte Sternenhimmel, erläutert sie. Auf einer Wolke sitzt die Göttin Flora, die eine Lichtquelle oder gar Fackel in der Hand hält. „In der Freimaurerei geht es auch darum, von der Finsternis zum Licht zu kommen." Die Wolkensäule, auf der die Göttin Flora gen Himmel steigt, könnte für den „Schornstein der Ewigkeit" des Mopsordens stehen. Elsje Jessen spricht von einer „Verbindung von Himmel und Erde", dem Wegkommen vom materialistischen Denken zu einem seelischen Weiterkommen als freimaurerischem Motiv.

Auch die Gemälde an den Wänden des Speisesaals seien freimaurerisch zu deuten, sagt Elsje Jessen. Die vier Flüsse könnten für die vier Ströme des Paradieses stehen. Dass der Main abgebildet ist, widerspreche dem nicht: „Oft sind konkrete Flüsse ausgewählt worden."

Die womöglich freimaurerisch inspirierte Symbolik im Park beschäftigt nicht nur Elsje Jessen: Werner Loibl, Wirtschaftshistoriker und langjähriger Leiter des Spessartmuseums in Lohr, berichtete 1999 bei einem Vortrag über den Schönbusch von Freimaurer-Ideen, die den Staffagebauten im Park einen inneren Zusammenhang geben. Beginne man den Weg am Speisesaal, lasse sich über die Wacht, das Dörfchen, das Philosophenhaus, den Freundschaftstempel, den Unteren See, das Schloss und die Brücke der „Weg der Demeter" auf der Suche nach ihrer geraubten Tochter Persephone nachvollziehen, erläuterte Loibl damals. Demeter, die Göttin der Feldfrüchte, stehe auch für die menschliche Ordnung und Fortentwicklung – und damit ein freimaurerisches Motiv.

Vor einigen Jahren entwickelte Gästeführerin Roswitha Kolter-Alex, die allerdings selbst keine Freimaurerin ist, eine Führung zu verborgenen freimaurerischen Bezügen im Park Schönbusch. Auch sie erkennt Hinweise, schränkt jedoch ein, dass manche Symbole auch christliche Allegorien seien. „Es spricht vieles dafür, dass es freimaurerische Bezüge gibt, aber es ist nicht nachweisbar." Deshalb lasse sie das am Ende ihrer Führung auch offen.

„In der Freimaurerei geht es auch darum, von der Finsternis zum Licht zu kommen."

Ob im Speisesaal einmal freimaurerische Rituale gefeiert oder nur Anspielungen verarbeitet wurden, kann auch Freimaurerin Elsje Jessen nicht abschließend sagen. Wegen der Häufung der Symbole an diesem Gebäude und im ganzen Park – als Beispiele nennt sie Sphingen, rauhe Steine an der Kaskade oder den Freundschaftstempel – vermutet sie aber keinen Zufall. Sie ist sich sicher: „Wenn man alles zusammennimmt, sollte man in die Richtung eines freimaurerischen Programms denken, das auch die wenig bekannte Symbolik der Mopsloge umfasst."

Caroline Wadenka

So geht's zum Speisesaal:

Der Speisesaal befindet sich im Landschaftspark Schönbusch. Vom Haupteingang geht es am Wirtschaftsgebäude, dem Biergarten, dem Spielplatz und dem Irrgarten vorbei. Dahinter befindet sich der Speisesaal.

Monika Spatz ist froh, dass man heute keinen Schlüssel mehr braucht, um in den Schlossgarten zu gelangen.

32

Tor

Der Schlüssel zur Glückseligkeit

Nein! In den Schlossgarten kommt – oder kam – nicht jeder! Zumindest nicht bis 1938, als der Park der Öffentlichkeit zugänglich gemacht wurde. Wer zuvor hinein wollte, brauchte einen Schlüssel. Den zu bekommen, war allerdings nicht ganz so schwer: Er konnte bei der Königlichen Hofgärtnerei Schönthal beantragt werden. „Nach erfolgter Genehmigung bekam man neben dem Schlüssel, für den man eine Mark Recognitionsgebühr bezahlen musste, auch eine Legitimations-Karte, auf der die Schlüsselnummer und der Name des Besitzers standen", hat Gästeführerin Monika Spatz recherchiert. Diese Karte musste der Parkbesucher beim Betreten des Gartens immer bei sich tragen. Karte und Schlüssel galten für ein Jahr, dann musste der Antrag nochmal neu gestellt werden. „Einen solchen Schlüssel bekamen aber nur echte Aschaffenburger – und er durfte bei Strafandrohung auch nicht an

Fremde weitergegeben werden", präzisiert die Buchautorin. „Nur engste Familienangehörige durfte man zu den Spaziergängen im Park mitnehmen." Damit die Parkbenutzer im Zweifelsfall nachschauen konnten, was sie denn nun alles beachten mussten, waren die „Bedingungen, unter welchen der Besuch des königlichen Hofgartens gestattet ist" auf der Rückseite der Legitimationskarte vermerkt. „Gleich zuoberst war dort zu lesen, dass die Schlüsselbesitzer nur dann Zutritt zum Park hatten, wenn allerhöchste und höchste Herrschaften nicht anwesend waren", nennt Monika Spatz den wohl wichtigsten Punkt.

Wie das *Main-Echo* 1993 schrieb, gab es zwei Arten von Schlüsseln: „Das etwas feinere Exemplar mit einer auf der sogenannten Kralle unterhalb des leicht geschwungenen Schlüsselrings eingravierten Krone oder die schlichtere Ausführung mit einem einfachen Ring und einer eingravierten Zahl." Die Möglichkeit, im Park spazieren zu gehen – es war übrigens damals der einzige Park in ganz Deutschland, für den man einen Schlüssel brauchte –, ging in die Literatur ein. Der Schriftsteller Wilhelm Hausenstein (1882-1957) schreibt in *Aschaffenburg, Stadt zwischen Schloß und Stift*: „ Doch wie es sich damit verhalten mag: bedurfte es noch einer liebenswürdigen Einzelheit, um mich in allen Fasern zu einem Freund dieser schönen Stadt zu machen, so war es dieser Schlüssel in der Tasche des Bürgers – dies Stückchen vertrauender menschlicher Überlieferung".

In ihrem Zeitungsartikel zitiert Eva-Maria Lüft auch den „historisch versierten Aschaffenburger" Martin Kempf, der „noch gerne an die Zeit zurück" denke, in der es sich im Park für Schlüsselbesitzer trefflich flanieren ließ. „Ich mußte mit meinem Großvater x-mal in die Stadt, denn er war herzkrank. Und dann gab's immer ein Knobelinchen und eine Limonade, giftgrün und herrlich süß. Da hab ich ihn selbstverständlich immer gerne begleitet." Der Spaziergang durch den Schlossgarten sei schon fast zu einem Ritual geworden. „Na und die lieben Verwandten durften an dem Schlüssel ebenfalls partizipieren." Kempf erzählt von Vettern und Basen aus Frankfurt, die mit dem Zug öfter nach Aschaffenburg gekommen seien – das Gebot, dass nur engste Familienangehörige mitgenommen werden dürfen, war offenbar doch nicht so streng. Sie hätten sich nicht selten beim Großvater den Schlüssel ausgeliehen. Oberverwaltungsrat Theodor Göttemann, ehemaliger Kämmerer der Stadt Aschaffenburg, wird in Lüfts Artikel ebenfalls zitiert: Seinen Äußerungen zufolge konnte sich mitnichten jeder den Schlüssel leisten: „Mein Vater war zwar Beamter, aber dafür hatte er wirklich kein Geld übrig. Wir sind ab und zu mit guten Bekannten reingekommen." Was den Bestimmungen zufolge ja gar nicht erlaubt war. Aber es wurden sogar noch drastischere „Ordnungswidrigkeiten" begangen: „Es gab eben auch Leute, die Verständnis für das ‚gemeine Volk' hatten und das Tor schon mal durch einen kleinen Stein offenstehen ließen." Die Verwaltung wäre sicher entsetzt gewesen, hieß es doch in den Bestimmungen: „Bei jedesmaligem Gebrauche muß das Thor gut verschlossen, oder wenn dies durch irgend ein hinderniß, z. B. Fehler an einem Schlosse, etc. nicht möglich sein sollte, der kgl. Hofgärtnerei Anzeige erstattet werden, damit die nötige Abhilfe geschehen könne." Monika Spatz, die recherchierte, dass jährlich 5000 Schlüssel vergeben wurden, hat in einer Notiz aus dem Jahr 1955 einen Hinweis darauf gefunden, dass man sich überlege, ob der Schlüssel nicht besser wieder eingeführt werden sollte, denn: „Er hatte sich einst bewährt. Der Schloßgarten war eine mustergültige Anlage und wurde nicht durch Bubenhände beschädigt." Dazu kam es zum Glück nie, der Park ist nach wie vor öffentlich zugänglich und über böse Bubenhände wird auch nicht allzu sehr geklagt. „Ein Glück", findet Monika Spatz, „dass heute niemand mehr jemand anderen um einen Schlüssel in den Schlossgarten beneiden muss. Jeder kommt hinein – und das ist auch gut so."

Eva-Maria Bast

So geht's zum Tor:

Es steht direkt neben dem Schloss. Wenn man vom Marktplatz aus auf das Schloss zu- und dann an dessen Eingang vorbeigeht, kommt man direkt auf das Tor zu.

33

Kranichmauer

Beständigkeit im Mainesstrom

inige Meter begleitet die Mauer aus bossierten, also roh bearbeiteten Steinquadern den Uferweg am Main unterhalb von Schloss Johannisburg. Plötzlich aber biegt das Bauwerk in einer Rundung vom Weg ab und verschwindet im Hang unter dem Parkplatz. „Die komische Form hängt mit der früheren Funktion des Plateaus zusammen", erzählt Bernhard Keßler. Um diese zu erklären, blickt der langjährige Referent für Stadtentwicklung im Aschaffenburger Rathaus mehr als 400 Jahre zurück.

Im Mittelalter stand an der Stelle des Schlosses eine Burg. Über ihre Entstehung ist wenig bekannt. Laut Werner Helmberger von der Museumsabteilung der bayerischen Verwaltung der staatlichen Schlösser, Gärten und Seen deutet viel darauf hin, dass die Burg ab der ersten Hälfte des 13. Jahrhunderts stand, da ab diesem Zeitpunkt häufiger Aufenthalte der Mainzer Bischöfe in Aschaffenburg nachzuweisen sind. Eine Urkunde von 1285 belegt, dass in der Burg eine Kapelle Johannes dem Täufer geweiht war. Dieses Patrozinium blieb auch dem Nachfolgebau Schloss Johannisburg erhalten. Bis Mitte des 16. Jahrhunderts wurde die Burg ausgebaut. Ihr dominantestes Element war gemäß einer um 1540 entstandenen Zeichnung der Bergfried.

Die laut Helmberger „zweifellos beeindruckende mittelalterliche Aschaffenburger Burg" wurde 1552 im Markgräflerkrieg (1552-1554) von den Truppen des Markgrafen Albrecht Alcibiades von Brandenburg-Kulmbach (1522-1557) zerstört. Der Adelige bekämpfte den Katholizismus, um die Vormachtstellung in Franken zu erringen. Den Plünderungen und Brandschatzungen fiel auch die Aschaffenburger Burg zum Opfer. In Teilen wurde die Burgruine mit dem erhaltenen Bergfried nach der Zerstörung wieder genutzt: Das belegt zum Beispiel eine 1591 in den Bergfried eingebaute Uhr, deren Zifferblatt noch heute im Schlossinnenhof hängt (siehe Geheimnis 11).

Die Mauer am Mainufer mit der kuriosen Rundung kam ins Spiel,

Bernhard Keßler testet, ob die Eisenringe immer noch Zug aushalten.

als der 1604 gewählte Mainzer Erzbischof und Kurfürst Johann Schweikard von Kronberg (1553-1626) versprach, die Aschaffenburger Burg zu rekonstruieren. „Bevor der Wiederaufbau begann, war es nötig, einen Betriebshafen zu errichten, um die großen Mengen von Material, die mit dem Schiff herantransportiert wurden, entladen und lagern zu können", berichtet Bernhard Keßler. Zu diesem Zweck entstand die Sandsteinmauer, für die vermutlich Steinquader der zerstörten mittelalterlichen Burg genutzt wurden.

„Die Kranichmauer ist so geschickt gebaut, dass das Plateau immer hochwasserfrei war."

Wie erklärt sich nun aber die Rundung des Bauwerks am südlichen Ende? „Hier war der Standort des Hafenkrans. Um dem Kran einen möglichst großen Schwenkbereich zu geben, stellte man die Anlage auf einen rund gebauten Bereich, möglichst nah am Wasser", erläutert Keßler. Dem Gerät zum Verladen der Lasten verdankt die Kranichmauer übrigens ihren Namen, denn das Wort Kran leitet sich von Kranich ab. Das Nachschlagewerk *Duden* führt den Ursprung auf das Spätmittelhochdeutsche zurück: Die Bezeichnung Kranich rührt von der Ähnlichkeit der Hebevorrichtung mit dem Hals des gleichnamigen Vogels her.

Der Startschuss für den Bau von Schloss Johannisburg unter der Regie des Baumeisters Georg Ridinger (1568-1617) fiel 1605. „Die hinter der Mauer liegende, hochwasserfreie Fläche wird als Werk- und Lagerplatz für den Schloßbau, so 1626 als Schloßzimmerplatz, und Anlegestelle für Holz- und Steintransporte auf dem Main benutzt", heißt es dazu im *Häuserbuch* von Alois Grimm. Schon 1607 wurde die 130 Meter lange und 13 Meter hohe Stützmauer der Mainterrasse fertiggestellt. „Den Hafen mit der Kranichmauer brauchte es allein schon dazu, um diese riesige Wappenmauer zu bauen. Das Material hätte sich nicht auf dem Landweg herbringen lassen", sinniert Bernhard Keßler. 1614 wurde Schloss Johannisburg eingeweiht, letzte Arbeiten zogen sich aber bis 1619 hin.

Metallringe in der Kranichmauer zeigen auch heute noch, wo Schiffe zum Be- und Entladen vertäut werden konnten. Nach dem Schlossbau entwickelte sich hier ein allgemeiner Hafen, wie Keßler sagt. Im *Häuserbuch* ist vermerkt, dass ein Küchenschiff hier regelmäßig anlegte, um Holz und Lebensmittel an den Hof nach Mainz zu transportieren. Der sogenannte Kranenknecht kümmerte sich darum, zum Beispiel Klingenberger Wein umzuladen.

1631 nahmen schwedische Truppen Aschaffenburg ein (siehe Geheimnis 45). 1634 zerstörten Schweden und andere Soldaten laut *Häuserbuch* den Kran. Danach wurde er jedoch wieder aufgebaut. Wann die Ära des Krans endete, lässt sich nicht mit Sicherheit sagen. „Auf frühen Stichen aus dem 18. Jahrhundert ist die Anlage noch zu sehen, im Urkataster von 1845 aber nicht mehr", berichtet Keßler.

An der Kranichmauer fasziniert ihn vor allem die Beständigkeit. Zwar setzten Wasser und Jahreszeiten dem Bauwerk manchmal zu, sodass über die Jahre immer mal wieder Reparaturen nötig waren. Aber Keßler betont: „In diesen Bau floss irrsinnig viel historisches Wissen ein. Die Kranichmauer ist so geschickt gebaut, dass das Plateau immer hochwasserfrei war." Bis ins 20. Jahrhundert wurde das Areal am Ufer als Holzlagerplatz genutzt, heute dient es als Parkplatz. Höchstwahrscheinlich ließen sich noch weitere Reste des Bauwerks zutage fördern, wenn auf dem Gelände Grabungen veranlasst würden, sagt Keßler. „Der Kran ist längst verschwunden, aber die Befestigung, auf der er stand, ist immer noch da und schützt die Wappenmauer des Schlosses."

Caroline Wadenka

So geht's zur Kranichmauer:

Die Mauer, auf der früher der Kran stand, befindet sich direkt am Mainuferweg. Vom Parkplatz am Mainufer führt eine Treppe hinunter zum Uferweg, rechts davon taucht die frühere Kranichmauer aus dem Hang auf.

34

Glocke

Heimkehr einer knapp 500-Jährigen

C hristian Giegerich spitzt die Ohren. Denn das Relikt, das er mit einem großen Glücksmoment nach dem Zweiten Weltkrieg verbindet, ist nicht zu sehen, dafür aber umso besser zu hören: Es handelt sich um die 1800 Kilogramm schwere Dreifaltigkeitsglocke der St. Agathakirche – die einst für jede Menge Freude sorgte.

Ausgangspunkt der tragischen Geschichte mit Happy End ist der 15. März 1940: Knapp ein halbes Jahr nach Ausbruch des Zweiten Weltkriegs erließ Hermann Göring (1893-1946), ein führender nationalsozialistischer Politiker und Beauftragter für den Vierjahresplan, eine Anordnung, wonach das Metall von Bronzeglocken und Gebäudeteilen aus Kupfer der deutschen Rüstungsreserve zuzuführen sei. Auf diese Weise wollten die Nationalsozialisten innerhalb von vier Jahren die wirtschaftliche und militärische Kriegsfähigkeit durch Autarkie und Aufrüstung herstellen.

Auch die Aschaffenburger Pfarreien mussten ihre Kirchenglocken in Meldebögen erfassen. Nur zwei Ausnahmen wurden gestattet: Jede selbstständige Gemeinde durfte ihre kleinste läutfähige Glocke behalten. Und die Metallartefakte, die als besonders künstlerisch und historisch wertvoll anerkannt waren, mussten ebenfalls nicht abgegeben werden. Von allen 53 Glocken der Stadt traf das auf gerade einmal fünf zu, wie der Historiker Werner Krämer 1992 in den *Mitteilungen des Stadt- und Stiftsarchivs* schreibt.

Im Dezember 1941 erhielten die Zimmerermeister Anton Fäth und Franz Kaupp den Auftrag, die Glocken aus ihren Türmen zu holen. Um den Jahreswechsel 1941/1942 wurden zunächst die Glocken des Clemensheims und der Herz-Jesu-Pfarrei abgenommen. Am 2. Februar 1942 transportierte ein Zug die ersten Bronze-Klangkörper nach Hamburg-Wilhelmsburg, um sie in einem Zinnwerk einzuschmelzen. Die St. Agatha- und die Stiftskirche waren erst im April/Mai 1942 dran.

Christian Giegerich spitzt die Ohren, um die Dreifaltigkeitsglocke zu hören. Sie wurde 1478 gegossen, im Zweiten Weltkrieg abgenommen, aber nicht eingeschmolzen und konnte so 1947 wieder nach Aschaffenburg zurückkehren.

Von den drei Glocken der Agathakirche durften zwei als besonders wertvoll erachtete in Aschaffenburg bleiben. Die Dreifaltigkeitsglocke des Frankfurter Gießers Martin Müller nahm der Zimmerermeister Anton Fäth Ende April 1942 jedoch ab. „Ich habe zugeschaut als kleiner Bub, als die Glocke von 1478 abgeseilt wurde, denn wir haben direkt gegenüber dem Eingang der Agathakirche gewohnt. Als sie beim Herunterlassen an der Turmmauer anstieß, war ein trauriges Kratzen zu hören", erinnert sich Christian Giegerich, der später viele Jahre als Organist in der Kirche spielte. Ende Mai wurde auch die Dreifaltigkeitsglocke nach Hamburg gebracht.

So traurig der Verlust der Geläute für die Aschaffenburger und ihre Kirchen war: Im Fall der Agathakirche erwies sich die Abnahme als Rettung. Denn bei einem Luftangriff 1944 stürzte eine der beiden verbliebenen Glocken vom Turm und zersprang. Am 31. März 1945 brannte die Agathakirche unter Artilleriebeschuss aus. Die andere Glocke überstand zwar den Krieg, wurde jedoch 1956 eingeschmolzen, als die Pfarrei bei einer Heidelberger Gießerei drei neue Klangkörper bestellte.

Im modernen Turm hat die weit gereiste Glocke ihren Platz neben drei anderen im Geläut der Agathakirche. Zu sehen sind sie zwar nicht, dafür aber zu hören.

Die Dreifaltigkeitsglocke ihrerseits lagerte bei Kriegsende hunderte Kilometer von ihrer Aschaffenburger Heimat entfernt: „Sie sollte zwar eingeschmolzen werden, aber sie wurde gerettet. Nach dem Krieg ist sie in Hamburg auf dem sogenannten Glockenfriedhof wiederentdeckt worden", erinnert sich Giegerich. Bei Kriegsende, so schrieb Historiker Krämer 1992 in den *Mitteilungen des Stadt- und Stiftsarchivs*, lagerten noch 8000 Glocken in Hamburg, darunter fünf aus Aschaffenburger Pfarreien. Ein Ausschuss informierte die Pfarrämter und organisierte die Rückgabe.

Das Freudenfest für die heimkehrende, knapp 500 Jahre alte Glocke folgte 1947 vor dem ausgebrannten Turm der Agathakirche. Viele Leute seien zu diesem Anlass gekommen, der geistliche Rat Max Jaeger habe ergreifende Worte zu den Anwesenden gesprochen. „Die Glocke wurde auf einem Pritschenwagen von zwei Pferden gezogen vom Bahnhof wieder angeliefert", erinnert sich Giegerich. Auch mehr als 70 Jahre nach dem Freudenfest ist ihm ein Detail besonders im Gedächtnis geblieben: „Die Pferde hatten ordentliche Blähungen, womöglich wegen der jämmerlichen Ernährung mit Kartoffelschalen."

„Sie sollte zwar eingeschmolzen werden, aber sie wurde gerettet."

Bei ihm und den anderen Kindern habe das für großes Gelächter gesorgt, manche Erwachsene hätten hinter vorgehaltener Hand geschmunzelt, andere pikiert reagiert.

Für die weit gereiste Dreifaltigkeitsglocke folgte eine weitere Durststrecke. 1949 wurde der Wiederaufbau der Agathakirche zwar abgeschlossen, aber bald zeigten sich Risse im Turm. Das Geläut wurde eingestellt und die Glocken hingen schweigend an einem Tragegerüst, bis sie 1963 in den neuen Turm zogen.

Die vergangenen 100 Jahre dürften die ereignisreichsten im Leben der Dreifaltigkeitsglocke gewesen sein. Für Christian Giegerich haben der schmerzliche Abschied und die umso freudigere Rückkehr sie zu etwas Besonderem gemacht.

Caroline Wadenka

So geht's zur Glocke:

Die Kirche St. Agatha befindet sich an der Kreuzung der Erthalstraße und des Agathaplatzes. Die Glocke hängt hoch oben im Turm.

35

Riesenschrauben

Zum Schutz vor Eis und Strömung

H übsch sehen sie nicht aus, die drei riesigen Schrauben. Aber interessant. Wozu sie wohl gut sind? Unter ihnen kräuselt sich das Wasser, folgt ein Wirbel auf den anderen. Wir befinden uns am Hafen. Genauer: am Floßhafen. Auch wenn hier heute Ruderer übers Wasser gleiten, flussabwärts Motorboote liegen und Fahrgastschiffe festmachen, zeugt der Name „Floßhafen" noch von der Geschichte des Platzes. Und mit ebenjener haben die Schrauben zu tun.

„Der Floß- und Handelshafen ist am 15. August 1891 eingeweiht worden, ebenso wie die Vorgängerin der Willigisbrücke, die Ludwigsbrücke", beginnt Hans Sommer, ehemals Architekt im Stadtplanungsamt, die Geschichte zu erzählen.

Schon 20 Jahre zuvor hatte der bayerische Staat unterhalb der heutigen Willigisbrücke einen Schutzhafen angelegt. Dieser Winterhafen besaß aber weder Kran noch Bahnanschluss. Aber Aschaffenburg brauchte für seine Gasfabrik einen günstigen Zugang zur rheinischen Steinkohle. Auch die Flößer aus dem Frankenwald, die Holzhändler und Mainschiffer verlangten einen Gleisanschluss, um die Spessarteichen sowie das Kiefern- und Fichtenholz transportieren zu können. Also trieb Prinz Ludwig, der spätere Ludwig III. (1845-1921), den Ausbau des Floßhafens voran: Ab Herbst 1888 wurde sein Becken ausgebaggert und vertieft. Und für das, was aus dem Becken geholt wurde, fand man auch eine sinnvolle Verwendung: Aus dem Abraum entstand der Ländeplatz, auf dem dann auch die Gleise der Mainländebahn verliefen. „Der Ländeplatz war bis zur Floßhafenstraße 32 Meter breit und zwischen der Mainbrücke und dem Einfahrtstor 1098 Meter lang", hat Sommer die genauen Zahlen parat. Teil des Ländeplatzes war auch eine 136 Meter lange sogenannte Floßausschleife, über die Pferde die Stämme von den Flößen an Land zogen und über einen Tiefkai auf Eisenbahnwagen hievten. Manche Stämme

Nicht schön, aber einst so wichtig: Die Riesenschraube an der Hafenmauer.

wurden von den Wagen ins Wasser „gepollert", also über einen Tiefkai hineingerollt. „Diese eingepollerten Stämme wurden von den Flößern im Wasser stehend zu bis zu elf Meter breiten Böden gebunden, von denen mehrere übereinander ein Floß ergaben, das mit weiteren Flößen aneinandergereiht dem Rhein entgegentrieb, wo es mit Flößen vom Oberrhein zu einem wahren Riesenfloß vereinigt wurde", erklärt Sommer.

So weit, so spannend. Doch was hat das mit den merkwürdigen Schrauben und Schlitzen zu tun? „Das sind letzte Reste der ausgefeilten Mechanik des einstigen Hafeneinfahrtstors", hat Sommer auch hierfür eine Erklärung. „Das Tor sicherte den Hafen gegen Eisstoß und reißende Strömung." Dafür wurde es am 1. Dezember jeden Jahres geschlossen und erst Mitte März wieder geöffnet. Bei Hochwasser musste es besonders starken Druck aushalten: Der Main drückte die geschlossenen Torflügel fest gegeneinander, was natürlich auch zu starkem Druck auf die in den beiden Hohlkehlen verankerten Drehzapfen führte. „Diese gaben die Last über ihre Lagerbuchsen an die

Hans Sommer hat sich intensiv mit der Geschichte des Floßhafens beschäftigt.

drei riesigen Stell- und Ankerschrauben, an das Betonfundament und in die Erde weiter. Bei geöffnetem Tor zogen hingegen die 5,80 Meter langen Torflügel an diesen Schrauben. Aufgezogen wurde jeder der beiden Torflügel mit einer Zahnstange, die über ein Zahnrad mit einem Drehkreuz verbunden waren, das von je vier Arbeitern bewegt wurde", beschreibt Sommer die Technik. Die Lager der Drehkreuze und die Zahnstangengänge sind noch zu sehen.

Und noch ein faszinierendes Detail hat Sommer recherchiert: „Mainpegel und Hafenpegel differierten am Einfahrtstor um 90 Zentimeter. Damit man das Tor gegen den Wasserdruck zu acht überhaupt auf bekam, mussten erst einmal die Pegel angeglichen werden." Dafür wurden unterhalb des Tores seitlich angebrachte eiserne Stege über die Einfahrt geschwenkt, miteinander verbunden und mit Streben abgestützt, 125 hölzerne Wehrnadeln ins Wasser gelassen und in einer Nut der Sohlschwelle verankert. Beim Zurückschwenken der Steghälften fielen die Nadeln aus und wurden am Öhr mit einer Leine aus dem Wasser gezogen.

„Der Ländeplatz war bis zur Floßhafenstraße 32 Meter breit und zwischen der Mainbrücke und dem Einfahrtstor 1098 Meter lang."

Von dieser Vorrichtung sind noch das obere Lager des Drehzapfens, eine in die Mauerkrone eingelassene Eisenschiene, eine Gewindestange und die runde Öffnung zu sehen, über der die Kurbel saß, mit welcher der Steg mittels seiner Strebe über die Einfahrt geschwenkt wurde.

Durch den Einsatz von Eisbrechern, die Möglichkeit, im kanalisierten Main den Wasserstand zu regulieren und die Eisschollen schon über den Trommelwehren zu brechen, habe das Einfahrtstor ab den 1930er-Jahren seine Funktion weitgehend verloren. Die Mainländebahn verkehrte ab 1960 nicht mehr und ihre Schienen sind lange schon verschwunden, ebenso die Torflügel.

Aber die riesigen Schrauben und die langen Schienen in den Sandsteinmauern künden noch davon, dass hier einst zwei mächtige Flügel die Flöße im Winter vor Eisschollen und reißenden Fluten schützten.

Eva-Maria Bast

....

So geht's zu den Riesenschrauben:

Die Reste des Hafeneinfahrtstors befinden sich am Mainuferweg nahe dem Ruderclub Aschaffenburg.

36

Brücke

Als sich die Mühlräder drehten

Was für ein kurioses Bauwerk! Unter dem einen Bogen der Dorfstraßenbrücke plätschert friedlich die Aschaff hindurch, der andere hingegen überspannt nur trockenes Gelände, auf dem Gras und Sträucher wachsen. „Das liegt nicht daran, dass die Aschaff gerade Niedrigwasser hat", sagt Bernhard Keßler. Aber hätten die Bauherren dann nicht einen kürzeren Überweg konstruieren können? „Nein, denn die zwei Bögen hatten früher durchaus eine Bedeutung. Aber die sieht man heute nicht mehr", erklärt der langjährige Stadtentwicklungsreferent und verrät: „Das hat mit der Geschichte des früher eigenständigen Dorfs Damm zu tun."

Die Gemeinde entstand um 1150 und lag anfangs nur nördlich der Aschaff. Um 1400 dehnte sich der Ort gen Süden auf die andere Flussseite aus. Die Landwirtschaft mit Raps-, Flachs- und Kornfeldern sowie der Obstanbau – Grundlage für den Äbbelwoi – bildete die Haupterwerbsquelle der Dämmer. Aber auch die Lage an der Aschaff prägte den Ort. „Entlang des Flusses standen über Jahrhunderte mehrere Mühlen", weiß Keßler.

Unweit der heutigen Dorfstraßenbrücke befand sich eines dieser Gebäude, die Herrenmühle. „Mit ihrem Betrieb hängt auch das Rätsel um die Brücke zusammen", sagt Keßler. Ende des 12. Jahrhunderts schenkte Stiftsprobst Adelhardus die Mühle dem Kollegiatstift St. Peter und Alexander. „Später gehörte sie den Landherren und Kurfürsten von Mainz, woher auch ihr Name stammt", berichtete Historiker Alois Stadtmüller 1972 in der Zeitschrift *Spessart*.

Die jeweiligen Pächter der Mühle mahlten hier zunächst über Jahrhunderte Getreide. Im 18. Jahrhundert ergänzten die Betreiber die Herrenmühle um eine Öl- und eine Walkmühle zur Herstellung von Öl und zur Verarbeitung von Textilien. Allerdings nutzte nicht jeder Betreiber der Herrenmühle alle diese Mahlwerke durchgängig. 1828

Bernhard Keßler weiß, dass der heute trockene Teil früher ein Mühlenkanal war.

gab der damalige Besitzer die Ölmühle auf und richtete stattdessen eine Tabaksmühle für Schnupftabak ein, die jedoch nicht lange in Betrieb blieb.

Ein Jahr später begründete Daniel Ernst Müller (1797-1868) an dieser Stelle eine Steingutfabrik und ließ ein Mahlwerk für Ton, Erde, Sand und Scherben bauen. Getreide-, Tabak- und Walkmühlgänge wurden in den Folgejahren entfernt und die Herrenmühle auf die Herstellung von Steingut umgestellt. Auf dem Mühlengelände entstand die Rohmasse, im Fabrikgebäude auf der anderen Seite der Dorfstraße wurden das Gebrauchsgeschirr und die mit Formen der aufgelösten kurmainzischen Porzellanmanufaktur Höchst hergestellten Figuren bemalt und gebrannt. Im Schlossmuseum sind Arbeiten aus der Dämmer Steingutfabrik noch heute zu sehen.

So vielfältig die Nutzung über die Jahrhunderte auch war, Grundlage war stets der Antrieb des Mühlrads und dafür war Wasserkraft nötig. „Um die Mühlen effektiv betreiben zu können, brauchte es spezielle Mühlenkanäle, die die Wasserkraft konzentrierten", erläutert Keßler. Im Fall der Herrenmühle sei etwa auf Höhe der Dyroffstraße ein Mühlenkanal von der Aschaff abgeteilt worden. Der Kanal führte über das Betriebsgelände, wo das Wasser das Rad antrieb. „Die Aschaff führt relativ wenig Wasser, deshalb muss es ein unterschlächtiges Mühlrad gewesen sein", sagt er. So werden Antriebe bezeichnet, die sich mit der Unterseite im fließenden Wasser befinden und relativ träge sind. Bei einem oberschlächtigen Rad füllt im Unterschied dazu ein Wassergerinne von oben die Zellen des Mühlrads.

Der Lattenpegel deutet an, dass es unter dem zweiten Brückenteil nicht immer trocken war.

An der Dorfstraße – und damit an der Brücke – mündete der Kanal wieder in den Hauptfluss. „Für einen geordneten Abfluss war es nötig, eine Brücke mit zwei Bogen zu errichten: einen für die Aschaff und einen für den Mühlenkanal." Das heißt, dass der heute trocken liegende Teil früher auch Wasser führte. Ein senkrechter Lattenpegel, der von der stadtauswärts gesehen linken Seite der Brücke entdeckt werden kann, belegt das.

Die Geschichte der Steingutfabrik endete 1885, an ihrer Stelle entstand eine Buntpapierfabrik. Keßler bezeichnet diese Veränderung früherer Mühlengelände zu Fabriken als typisch. Wann der Mühlenkanal verschwand, lässt sich nicht genau klären. Das erste städtische Elektrizitätswerk wurde 1907 im Stadtteil Leider errichtet. Ob es auch die Fabriken in Damm mit Strom versorgte, kann Keßler nicht mit Sicherheit sagen. „Ich vermute, die Fabriken nutzten anfangs noch den Mühlenkanal zur Energiegewinnung."

Im Zweiten Weltkrieg wurde die Herrenmühle beim Bombenangriff am 21. November 1944 vollständig zerstört (siehe Geheimnis 20). Inhaber Hugo Dorsemagen und seine Söhne bauten die Fabrik nach dem Krieg wieder auf und verkauften sie 1962 an die München-Dachauer Papierfabriken Heinrich Nicolaus. Ab 1963 fertigte das Unternehmen Letron auf dem Gelände aus Papier Kunststofffurniere für Möbel. Nach Übernahme und Neustrukturierung firmiert der Betrieb inzwischen unter dem Namen Impress.

Der Kanal der Herrenmühle, der jahrhundertelang die Grundlage für die facettenreiche wirtschaftliche Entwicklung an dieser Stelle bildete, ist inzwischen zwar verschwunden, doch die kuriose Situation mit der halbtrockenen Brücke erinnert Keßler immer noch daran. „Die Dorfstraßenbrücke mit ihren zwei Bögen, von denen nur durch einen Wasser fließt, steht dafür, wie die Mühlen Damm einmal geprägt haben."

Caroline Wadenka

....
So geht's zur Brücke:

Die Brücke befindet sich im Stadtteil Damm und gehört zur Dorfstraße.

Hier ruhen die Gebeine
WILH. HEINSE's
Verfassers des Ardinghello
Geb. zu Langewiesen
im Thüringischen 16. Febr. 1746
Gest. zu Aschaffenburg 22. Juni 1803

37

Heinse-Grab

Ein Skelett ohne Kopf zieht um

So bedeutend er zu Lebzeiten auch war: Seine letzte Ruhe fand der Schriftsteller Wilhelm Heinse (1746-1803) nur über Umwege. „Es ist wirklich unglaublich, was sich um dieses Grab für Geschichten spinnen", sagt Altstadtkennerin Monika Spatz schmunzelnd. Doch widmen wir uns zunächst einmal dem Leben des Mannes, der hier in Aschaffenburg erst mit einiger Verspätung seine letzte Ruhe fand – und zudem noch kopflos bestattet wurde.

Sein vollständiger Name lautet Johann Jacob Wilhelm Heinse und er wird im thüringischen Langewiesen geboren. 1766 geht er zum Studium der Rechte nach Jena, wo er sich allerdings weniger den Vorlesungen als vielmehr seinen literarischen Interessen widmet. Und so folgt er zwei Jahre später, 1768, seinem Unterstützer, dem Ästhetiker Friedrich Just Riedel (1742-1785), nach Erfurt. Es folgen Jahre der Wanderschaft: „Nach fehlgeschlagenen Versuchen, ein Unterkommen zu finden, begab sich H. im September 1771 mit zwei verabschiedeten Offizieren […] auf eine Reise nach Süd- und Westdeutschland." Mitte 1772 findet er eine Stellung als Hofmeister bei der Familie von Massow in Halberstadt, die er bis Ende 1773 innehat. „Der Umgang mit der künstlerisch empfänglichen Mutter seines Zöglings hat bei dem aus eingeschränkten kleinbürgerlichen Verhältnissen Stammenden, der später im Kreis feinempfindender Frauen sowie der Damen des Mainzer Hofes wohlgelitten war, manche jugendliche Unebenheit abgeschliffen", schreibt Erich Hock in der *Allgemeinen Deutschen Biographie*.

Anschließend erfüllt er sich einen Traum, reist von Juni 1780 bis September 1783 durch die Schweiz und Südfrankreich nach Italien, mangels Geld meist zu Fuß, vor allem in Venedig, Florenz und Rom hält er sich längere Zeit auf. „Zurück in Deutschland – Düsseldorf – schreibt er sein Hauptwerk *Ardinghello oder die glückseligen Insel*", sagt

Diesem Grabstein sieht man gar nicht an, dass es um den hier Bestatteten einige Aufregung gab.

Monika Spatz und unterstreicht: „Mit diesem Werk gilt Heinse als Begründer des deutschen Kunstromans." Die Aschaffenburgerin schickt auch gleich eine Inhaltsangabe hinterher: „Der Roman spielt im Italien des 16. Jahrhunderts. Ardinghello, der Protagonist dieses Werkes, gründet auf zwei Inseln im Ägäischen Meer einen Staat, der die Verwirklichung von Freiheit und Menschenwürde ermöglicht: Es gibt keinen individuellen Besitz und keine Ehe, beides wurde abgeschafft, Frauen haben Stimmrecht. Sowohl in sozialer als auch in politischer Hinsicht herrscht völlige Gleichberechtigung." Was die Autorin daran besonders fasziniert: „Dieser Roman erschien schon zwei Jahre vor dem Ausbruch der Französischen Revolution 1789! Unter Literaturkennern gehört dieses Werk zu den wichtigsten literarischen Zeugnissen des ausgehenden 18. Jahrhunderts."

Als er es veröffentlicht, hat Heinse bereits eine Stelle als Vorleser beim Mainzer Erzbischof und Kurfürst Friedrich Carl von Erthal (1719-1802) inne, die er im Jahr 1786 antritt. Und dort wird er Karriere machen: „Zwei Jahre später wurde er Hofrat und kurfürstlicher Bibliothekar", erzählt Monika Spatz. Und eben seine Tätigkeit als kurfürstlicher Bibliothekar – eine Stellung, die er auch unter Erthals Nachfolger Karl Theodor von Dalberg (1744-1817) behält – bringt ihn auch nach Aschaffenburg: In der *Allgemeinen Deutschen Biographie* heißt es dazu: „In der Zeit der französischen Besetzung 1792/93 weilte er bei den alten Freunden am Niederrhein, wo er auch Goethe wieder begegnete. Als 1795 die kurfürstliche Bibliothek nach Aschaffenburg in Sicherheit gebracht wurde, siedelte H. dorthin über." Wie Monika Spatz herausgefunden hat, wohnt Heinse dort im Südflügel von Schloss Johannisburg, wo er neun Jahre später, im Juni 1803, an den Folgen eines Schlaganfalls stirbt und auf dem Friedhof von St. Agatha beigesetzt wird. Und nun beginnt der posthume Krimi: Zunächst kommt dem Dichter sein Kopf abhanden. „Zwei Jahre nach seinem Tod wurde das Grab geöffnet, der Schädel entnommen und seinem Freund, dem Anatom Samuel Sömmering übergeben", sagt die Aschaffenburgerin und fügt erklärend hinzu: „Ihm hatte Heinse seinen Schädel zu Lebzeiten versprochen." Sömmering gibt den Kopf dann ans Senckenbergmuseum in Frankfurt am Main. Im Zweiten Weltkrieg wird das Museum – und damit auch der Schädel – zerstört. Heinse, beziehungsweise das, was nach Entfernen des Kopfes von seinen sterblichen Überresten geblieben war, wird anschließend noch zwei Mal umgebettet. „So ließ König Ludwig I., der Heinse sehr geschätzt hatte, dessen Gebeine im Jahre 1826 zunächst an einem würdigeren Platz auf dem Agathafriedhof beisetzen", sagt Monika Spatz. „Auch gab er eine Marmorbüste von Heinse in Auftrag, die er in der Walhalla in Donaustauf bei Regensburg aufstellen ließ." Und dann folgt der zweite „Umzug" des kopflosen Skeletts: „Im Jahre 1880, als der Friedhof von St. Agatha endgültig aufgelöst wurde, überführte man Heinses Gebeine dann auf den Altstadtfriedhof", erzählt Monika Spatz die Geschichte zu Ende. Und noch ein Detail hat sie zum Schluss parat: „Auf seinem Grabstein befindet sich nicht sein Geburtsdatum, sondern sein Taufdatum: der 16. Februar 1746." Ob Taufdatum oder Geburtsdatum: Seine letzte Ruhe fand Heinse jedenfalls erst knapp 80 Jahre nach seinem Tod. Und seinen Kopf hat er darüber auch verloren.

Eva-Maria Bast

....
So geht's zum Heinse-Grab:

Es befindet sich auf dem Altstadtfriedhof, Güterberg 6-12. Man betritt den Altstadtfriedhof über den Haupteingang gegenüber der Gärtnerei. Nach wenigen Metern nimmt man den ersten Weg rechts und folgt ihm bis zu einem Durchgang. Das erste Grab rechts direkt nach dem Durchgang ist das Grab von Heinse.

Metallgitter

Grablege aus bewegter Zeit

Wer die Muttergottespfarrkirche betritt, blickt unwillkürlich nach oben: Das imposante Deckengemälde von Hermann Kaspar (1904-1986) aus dem Jahr 1967 zieht alle Blicke auf sich. Dass sich aber auch unter der Kirche ein Schatz befindet, wissen nur wenige. Christian Giegerich, der viele Jahre Organist in der 1183 urkundlich erstmals erwähnten Kirche Zu Unserer Lieben Frau war, wie die Muttergottespfarrkirche offiziell heißt, ist einer von ihnen.

Um eine Spur dieses Schatzes zu entdecken, muss man das Gotteshaus allerdings wieder verlassen und sich in die Metzgergasse begeben, eine malerische Altstadtgasse, durch die jeden Tag viele Stadtbesucher schlendern. Hier deutet ein Eisengitter auf dieses Geheimnis hin, das 1768 beim Neubau entstand, als die Kirche neu ausgerichtet und ihre Hauptfassade Schloss Johannisburg zugewandt wurde. „Der Pfarrer und Bauherr Christian Stadelmann ließ seinen Baumeister Franz Boccorny eine Grablege unter dem Chorraum konzipieren", erzählt der Restaurator Christian Giegerich. Er hat die Gruft in den 1960er-Jahren saniert und sich dabei intensiv mit den Menschen beschäftigt, die hier beigesetzt sind. Der Blick auf die Biografien der damals Bestatteten verrate viel über diese turbulente Zeit.

„Zwischen 1770 und 1810 war eine Epoche des Auf- und Umbruchs in Aschaffenburg", sagt Giegerich. Besonders einschneidend für die Stadt waren die Auswirkungen der Französischen Revolution, die 1789 ihren Anfang nahm: Das Heilige Römische Reich Deutscher Nation, also der Herrschaftsbereich der römisch-deutschen Kaiser vom Spätmittelalter bis 1806, erklärte dem revolutionären Frankreich den Krieg. 1792 floh der Mainzer Erzbischof und Kurfürst Friedrich Carl von Erthal (1719-1802) mit seinem Hof vor dem französischen Heer aus Mainz nach Aschaffenburg. In Folge des Reichsdeputationshauptschlusses 1803 wurde der Mainzer Kurstaat aufge-

Christian Giegerich kennt das Geheimnis unter der Muttergottespfarrkirche. In den 1960er-Jahren hat er die Gruft restauriert.

löst: Der Nachfolger Erthals, Erzbischof und Kurfürst Carl Theodor von Dalberg (1744-1817), erhielt die für ihn geschaffenen Fürstentümer Aschaffenburg und Regensburg. Dalberg wurde Fürstprimas des Rheinischen Bundes, und Aschaffenburg zur Residenzstadt, die wenig später eine Universität erhielt.

„Das alles spiegelt sich auch in der Gruft wider", verrät Giegerich. Während der Restaurierung forschte er in Kirchenbüchern über die Beigesetzten nach und reiste dafür bis ins Salzburger Land. Über 52 der mehr als 70 Personen, die in der Gruft begraben wurden, hat er bei seinen Recherchen etwas herausgefunden: „Es ruhen dort Geistliche, Diplomaten, eine Fürstin, Kinder, Adelige und deren Ehegatten, der Baumeister der Kirche mit Gattin, Universitätsangehörige, Wohltäter der Kirche und der Armen aus dem Aschaffenburger Bürgertum, Beamte der ausklingenden kurmainzischen Epoche und der Dalbergzeit."

Zwei Biografien aus diesem Who's Who umreißt der frühere Organist der Pfarrei stellvertretend. Mit dem Hof des Kurfürsten aus Mainz war Sophie Erdmuthe Fürstin zu Nassau-Saarbrücken (1725-1795) nach Aschaffenburg gekommen. Im Alter von 70 Jahren starb die verwitwete Adelige in der Stadt am Main. „Man wusste zwar, dass sie sich in Aschaffenburg aufhielt, aber lange nicht, wo sie beigesetzt war", erzählt Giegerich, der dank des Sterbebuchs der Muttergottespfarrei das Rätsel lösen konnte. Die Vermauerung des Grabplatzes der Fürstin, auf der womöglich ihr Name stand, sei zum Zeitpunkt der Restaurierung beschädigt gewesen, sodass man in das Grab schauen konnte. Während der Arbeiten wurde das ausgebessert.

Eine der bedeutendsten Persönlichkeiten, die in der Gruft ruhen, ist zweifelsohne Lothar Franz Michael von Erthal (1717-1805), der Bruder des 1802 gestorbenen Mainzer Erzbischofs Erthal. Der Bruder des Erzbischofs fungierte als Obersthofmeister und hatte sich um wohltätige Zwecke und die Kunst verdient gemacht. So hinterließ er unter anderem der Hofbibliothek wertvolle Sammlungen. „Sein Grab liegt an einer herausgehobenen Stelle im Gruftraum, nämlich dort, wo sich früher der zweite Zugang befand. Es unterscheidet sich von den anderen, weil es größer ist", weiß Christian Giegerich.

Ein zweiter Eingang? „Ja, den gab es mal", sagt der Kenner der Gruft.

Heute führt der Zugang in die unterirdische Grablege über die Sakristei auf der Ostseite. Der frühere zweite Eingang auf der Westseite der Kirche lag in der Metzgergasse. Auf der Außenseite des Kirchengebäudes streicht er über Sandsteine, die sich etwa einen Meter links neben dem Metallgitter befinden. Einige unterscheiden sich in Größe und Struktur von den anderen Steinen. Der Eingang von der Metzgergasse zur Gruft wurde 1804 verschlossen, „nachdem sich die Nachbarn wegen der Geruchsbelästigung beschwert hatten". Heute ist davon am Metallgitter nichts zu bemerken. Dass es solche Klagen rund um Grüfte ganz generell durchaus geben kann, davon berichtet auch Andreas Ströbl von der Forschungsstelle Gruft in seinem 2015 veröffentlichten Aufsatz *Stiftzahn und Eisensarg*.

> *„Zwischen 1770 und 1810 war eine Epoche des Auf- und Umbruchs in Aschaffenburg."*

Als der Zugang von der Metzgergasse zur unterirdischen Grablege der Muttergottespfarrkirche wegfiel, sei auch die Treppe im Inneren beseitigt worden, erzählt Restaurator Giegerich. Der so entstandene Platz bot im Jahr darauf eine angemessene Grabstelle für den wohltätigen Bruder des Mainzer Erzbischofs, mit dem das Geschlecht der Erthals ausstarb. All diese Geschichten sind mit der Gruft verbunden, auf die von außen unter anderem dieses Metallgitter hinweist.

Caroline Wadenka

....
So geht's zum Metallgitter:

Das Metallgitter und der danebenliegende verschlossene Eingang zur Gruft befinden sich in der Metzgergasse (gegenüber Metzgergasse 11).

39

Traube

Genuss auf allen Ebenen

Angesichts dieser Gittertür fühlt man sich wie im Paradies: Eine Traube neben der anderen hängt herab und der Betrachter bekommt Lust, die Früchte zu pflücken und sie sich in den Mund zu stecken. Wobei: Allzu saftig dürften sie nicht sein und man würde sich an ihnen auch buchstäblich die Zähne ausbeißen, denn die Trauben sind allesamt aus weiß gestrichenem Eisen. Bei näherer Betrachtung des Gebäudes in der Sandgasse fällt auf: Auch am Balkon im ersten Stock sind die Trauben zu finden. Gästeführerin Monika Spatz weiß, dass man diese Früchte hier einst tatsächlich genießen konnte, ohne sich die Zähne daran auszubeißen – in gepresster, vergorener Form.

„In diesem Haus befand sich einst das Weinhaus Dörmühl", hat die Autorin heimatkundlicher Bücher herausgefunden. „Es wurde 1720 erstmals erwähnt und war ein wichtiges Stück Aschaffenburger Geschichte, eine Institution. Das lag vor allem an ihrem Besitzer Wilhelm Dörmühl, der den Weinhandel 1883 noch ausbaute und die Räumlichkeiten in den 1920er-Jahren erweiterte", erzählt sie. Dörmühl verpasste seiner Einrichtung eine dunkle Holzvertäfelung und damit einen gediegenen Charme. Diesen versprühte auch der Wirt selbst, hatte für jeden ein offenes Ohr – und selbstverständlich stets ein Gläschen Wein parat. „Viele Aschaffenburger Persönlichkeiten gingen hier ein und aus", unterstreicht Monika Spatz. Und dann war auf einen Schlag alles vorbei: Am 1. April 1945, 48 Stunden vor der Übergabe der Stadt an die Amerikaner, wurde das Haus zerstört. „Ein Tiefflieger hatte eine Brandbombe abgeworfen, die das Nachbarhaus traf", erzählt Monika Spatz von den schrecklichen Stunden. „Das Feuer griff auf die Weinstube über und legte sie in Schutt und Asche."

Ein zerstörtes Gebäude aber konnte den wackeren Wirt weiß Gott nicht davon abhalten, seine Weinstube weiterzuführen: Er schenkte seinen Wein fortan einfach in seinem Büro in der Badergasse aus.

Monika Spatz mag zwar persönlich keine Trauben – das Gitter findet sie aber trotzdem schön.

„Dieser winzige Raum war so eng, dass man morgens zur Frühschoppenzeit kaum die Tür öffnen konnte. Doch man traf sich weiter dort zum Schoppen beim Dörmühl, bis das neu erbaute Haus, in der Sandgasse im Jahre 1953 eröffnet werden konnte", erzählt Monika Spatz. „Auch dieses hatte wieder holzgetäfelte Wände." Hinzu kamen schmiedeeiserne Deckenleuchten, bleiverglaste Fenster und Wappen berühmter Weinorte.

Nun, sagt die Aschaffenburgerin, habe „die beste Dörmühlzeit" begonnen, „die Zeit von Willi und Anna: Willi mit Zigarre, der die Gäste begrüßte und Anna, gebürtig aus Weibersbrunn, die Bedienung. Anna gehörte zum Weinhaus Dörmühl wie das Weinhaus Dörmühl zu Aschaffenburg." Schon in der Vorkriegszeit sei sie zum Dörmühl gekommen und habe einen lockeren Umgangston mit ihren Gästen gehabt: „Noch zu 80-Jährigen sagte sie: ,Na mei Kind, was trink mer denn heut'?' Und wenn einer der Gäste seine eigene Brotzeit mitbrachte, was nicht selten der Fall war, brachte Anna ihm Teller und Besteck." Das Lokal, hat Monika Spatz herausgefunden, sei quasi rund um die Uhr geöffnet gewesen: „Es gab Früh- und Dämmerschoppen, eine Montags- und eine Freitagsrunde, einen Stammtisch und Tanzabende." Als Willi Dörmühl im Jahr 1964 starb, verließ auch Anna das Lokal, Willis Neffe Josef führte es weiter, bis er es 1982 verkaufte und es verschiedene Besitzer- und Pächterwechsel gab.

Die Trauben aber überdauerten.

Eva-Maria Bast

So geht's zu den Trauben:

Sie zieren das linke Türgitter und die Balkonbrüstung in der Sandgasse 41.

Für Bruno Geißel sind die Jugendstilfiguren am Gebäude der Raiffeisen-Volksbank ein Geheimnis, weil so viele Aschaffenburger schon an ihnen vorbeigegangen sind, ohne die Symbolik dahinter zu sehen.

Jugendstilfiguren

Vom Werden und Vergehen

40

"Ich hole nur noch schnell etwas Bargeld!" Auch in der Herstallstraße vor dem Gebäude der Raiffeisenbank-Volksbank ist dieser Satz oft zu hören. Doch wer in Eile ist, verpasst hier etwas: Denn die Fassade des 1908 gebauten Hauses hält so manche Überraschung bereit, wie Bruno Geißel weiß.

„Die Jugendstilfiguren sind eigentlich ein offenes Geheimnis, aber kaum jemand betrachtet sie näher", erzählt der frühere Leiter des Bauordnungsamts der Stadt. Er hat sich intensiv mit Fassadenkunst in Aschaffenburg beschäftigt und schon Führungen zu diesem Thema angeboten. Häufig erntet Geißel Reaktionen wie diese: „Seit Jahren gehe ich hier vorbei und habe mir darüber noch nie wirklich Gedanken gemacht."

An der Stelle, wo heute das Raiffeisenbank-Volksbank-Gebäude steht, befanden sich früher der Hof der Adelsfamilie von Wasen, das Salzhaus und der Gasthof Zum Riesen (siehe Geheimnis 27). 1908 ließ der Bäckermeister Philipp Rüth das Gebäude in der Herstallstraße 26 neu bauen. Der Figurenschmuck zwischen den Fenstern im ersten Obergeschoss stammt aus dieser Zeit – und damit entstand er nach der Wende zum 20. Jahrhundert, als die kunstgeschichtliche Epoche des Jugendstils ihre Blüte erlebte. Bombenangriffe und Artilleriebeschuss in den Jahren 1944/1945 fügten dem Haus Schäden zu, die Figuren blieben aber erhalten.

Zwar sind im ersten Stockwerk des Bankhauses zwischen den Fenstern sieben Pfeiler mit Jugendstilfiguren zu sehen. Bruno Geißels Interesse gehört aber in erster Linie vier dieser Gestaltungen: „Sie haben einen inneren Zusammenhang."

Dieser für viele unsichtbare Kreislauf beginnt mit der Figur auf dem zweiten Pfeiler von links. Die Abbildung – an der der Steinmetzmeister Vinzenz Schwind, der Vater des späteren gleichnamigen Oberbürgermeisters, maßgeblich mitgewirkt haben soll – zeigt eine junge Frau mit Blumengirlanden über einem Widder. „Ranken und Blumen sind typisch für den Jugendstil, der damals modern war", berichtet Bruno Geißel. Im Konsolstein über dem Kopf der Frau sind 13 Eier und zwei Hasen zu sehen, klassische Fruchtbarkeitssymbole, wie Geißel erklärt. Neben dem Widder, der als Figur dargestellt ist, sind die astronomischen Symbole der nachfolgenden Tierkreiszeichen Stier und Zwillinge in den roten Sandstein eingekerbt. „Hier ist der Frühling dargestellt."

Wo der Frühling ist, sind die anderen Jahreszeiten nicht weit. Ein kräftiger Mann, der mit einer Sichel Getreide erntet, symbolisiert auf dem Pfeiler rechts daneben den Sommer. „Die Sichel ist ein Symbol der Erntegötter." Zu seinen Füßen reckt ein Krebs seine Scheren empor, Eingeweihte entdecken die Symbole der weiteren Sommer-Sternzeichen Löwe und Jungfrau.

Auch der Herbst fehlt nicht: Ihn symbolisiert eine ältere Frau, die umgeben ist von reicher Ernte wie Trauben und anderen Früchten.

„Wenn Sie genau hinschauen, sehen Sie, dass sie eine Haube aus Rebenblättern und Trauben auf dem Kopf trägt", sagt Bruno Geißel. Im oberen Teil der Darstellung hat er Steinmarder erkannt, die bisweilen auch als Füchse beschrieben werden. Im unteren Drittel ist eine Waage zu sehen, flankiert von den Symbolen der Sternzeichen Skorpion und Schütze.

Und schließlich der Winter mit den Sternzeichen Steinbock, Fische und Wassermann: Ein Mann mit Bart und dicker Mütze trägt Mistelzweige in den Händen. Ein Geweih flankiert seine Beine, denn der Winter ist ja auch die Zeit der Jagd, wie Bruno Geißel ausführt. „Vom Lebensalter ist es ein älterer Mann mit Schnauzbart", hat er festgestellt.

An dieser Stelle offenbart Bruno Geißel einen weiteren Zusammenhang der Jugendstildarstellungen: „Die Figuren symbolisieren den ewigen Kreislauf von Werden und Vergehen, sowohl im Jahreslauf als auch im Leben der Menschen. Denn nicht nur das Jahr altert, sondern auch der Mensch. All das steckt dahinter." Eine Erinnerung, die wir im Alltag in der Eile gerne von uns wegschieben.

Caroline Wadenka

So geht's zu den Jugendstilfiguren:

Die Jugendstilfiguren zieren das Gebäude der Raiffeisen-Volksbank Aschaffenburg in der Herstallstraße 26, genauer gesagt die Pfeiler zwischen den Fenstern des ersten Obergeschosses. Der Frühling ist auf dem zweiten Pfeiler von links zu sehen, die weiteren Jahreszeiten folgen rechts daneben.

41

Zangenlöcher

Männer im Hamsterrad

*D*as ist schon enorm", sagt Joachim Pfeifer nachdenklich und fährt mit dem Finger über eines der zahlreichen, viereckigen Löcher in den Steinen der Stadtmauer rechts und links des Theoderichstors. Eigentlich beschäftigt er sich ja als langjähriger Mitarbeiter des Wasserwirtschaftsamts eher mit dem flüssigen als mit dem festen Element und in diesem Zusammenhang stieß er auch auf das Theoderichstor (siehe Geheimnis 14). Aber die viereckigen Löcher im Stein faszinieren ihn trotzdem. Einfach deshalb, weil sie so oft und so gern übersehen werden und doch ein so großes und wichtiges Zeugnis des technischen Fortschritts im Mittelalter sind: „Bei den kleinen, viereckigen Löchern handelt es sich um sogenannte Zangenlöcher", sagt er. „Sie sind ein Hinweis auf die Art und Weise, mit der die Steine an ihren Bestimmungsort gebracht und dort vermauert wurden."

Noch in der Romanik mussten Arbeiter, die ein Gebäude errichten wollten, die Steine auf dem Rücken schleppen oder sie mittels Seil und Handrolle ziehen. Doch ab dem – je nach Quelle – späten 12. oder dem 13. Jahrhundert wurde eine neue Technik entwickelt, für die dann ebenjene Löcher in den Steinen nötig wurden: Nun kamen Treträder an Laufkränen zum Einsatz. Angetrieben wurden sie von Männern, die, wie ein Hamster in seinem Hamsterrad, in den Trettrommeln liefen und dadurch das Seil bewegten, an dem sich eine neuartige Steinzange befand. Die griff in den Stein hinein, der nun über das Seil – dank der Muskelkraft der Männer im „Hamsterrad" – vom Kran hinaufgezogen wurde. Viele bedeutende Bauwerke des Hoch- und Spätmittelalters entstanden auf diese Weise. Man kann es sich buchstäblich vorstellen, wie die Männer im Schweiße ihres Angesichts einen Stein auf den anderen hievten, um die Stadtmauer zu errichten.

Der Bau der Aschaffenburger Stadtmauer begann Anfang des 12. Jahrhunderts, sie wurde aber in den folgenden Jahrhunderten stets

Die Löcher sind Zeichen mittelalterlicher Baukunst.

erweitert und freilich dürften sich die Arbeiter der jeweils neuen technischen Errungenschaften bedient haben.

Die Stadtmauer wies zahlreiche Tore auf: Töngestor, Windfangtor, Löhertor, Wermbachtor, Sandtor, Herstalltor, Strickertor, Fischertor und Dingstalltor zum Beispiel, und es gab auch Wehrtürme – die allermeisten wurden allerdings, wie in vielen Städten, im 19. Jahrhundert abgerissen, man wollte nun eine freie, weite, große Stadt. Das Theoderichstor entstand erst im 15. Jahrhundert in der Regierungszeit von Erzbischof Theoderich Schenk von Erbach (1390-1459), also zwischen 1434 bis 1459, der dem Tor auch seinen Namen gab.

„Sie sind ein Hinweis auf die Technik, mit der die Steine an ihren Bestimmungsort gebracht und dort vermauert wurden."

Doch zurück zu den Löchern: Dass man sie nur gelegentlich und nicht an jedem Stein sieht, liegt daran, dass nicht alle Steine mit den Zangenlöchern nach außen hin vermauert wurden, sondern teilweise auch so, dass die Löcher von den Nachbarsteinen verdeckt wurden. Und so künden sie, ganz im Verborgenen, davon, wie mühsam der Handwerkeralltag im Mittelalter noch war. „Unglaublich", sagt Pfeifer nachdenklich, „dass es unter diesen Voraussetzungen gelungen ist, bleibende Bauwerke zu schaffen. Die Handwerker verstanden schon was von ihrem Handwerk."

Eva-Maria Bast

So geht's zu den Zangenlöchern:

Sie befinden sich rechts und links vom Theoderichstor. Selbiges steht dort, wo die Straße Schlossberg auf den Mainuferweg trifft.

Für Anika Magath symbolisiert der Sandsteinbogen hinter dem Glas, wie die Eisenbahn ab 1854 Aschaffenburg verändert hat.

Sandsteinbogen

42

Als Aschaffenburg Grenzbahnhof war

Wie viele Menschen wohl täglich an dem Sandsteinbogen am Omnibusbahnhof vorbeikommen, ohne ihn eines Blickes zu würdigen? Am Bussteig 10 ist das Relikt mit der Aufschrift *Güterannahme Richtung Preußen* zu sehen. Anika Magath, Stadtheimatpflegerin, Gästeführerin und Mitarbeiterin des Archäologischen Spessartprojekts, ist jedoch schon oft an dem Sandsteinrelikt mit der kuriosen Aufschrift stehen geblieben. Denn für sie ist er so viel mehr als das: ein Zeuge der erzählt, wie die Eisenbahn Aschaffenburg verändert hat.

Dass die Lokomotiven nach Aschaffenburg kommen würden, war

nicht ausgemacht. Seit 1814 gehörte die Stadt zum Königreich Bayern. In dieser Zeit setzte auch die Industrialisierung ein, die die Nachfrage nach Waren und den Transportbedarf steigen ließ. Schon 1835 brachten unterfränkische Vertreter die Idee einer Eisenbahnverbindung in Ost-West-Richtung bei der Regierung in München vor. Doch der damalige Regent König Ludwig I. (1786-1868) favorisierte die Schifffahrtswege und hatte erst viel Geld in den Ausbau des Main-Donau-Kanals investiert. Die Eisenbahn als Konkurrenz, so die Befürchtung, könnte dem Schiffsverkehr erhebliche Einbußen bescheren, heißt es in dem Buch *Blickwinkel Aschaffenburg* von Albrecht Sylla, Martin Hahn und Roland Ebert.

Bewegung in die Eisenbahnfrage in Aschaffenburg kam zu Beginn der 1840er-Jahre. Zum einen drängte die unterfränkische Handelskammer 1843 auf den Bau einer Strecke zwischen Hof und Aschaffenburg, nachdem Pläne einer konkurrierenden Ost-West-Verbindung von Frankfurt nach Leipzig bekannt geworden waren. Zum anderen hatte die private Frankfurt-Hanauer Eisenbahn-Gesellschaft 1845 die Strecke zwischen Hanau und Frankfurt in Betrieb genommen. Damit standen die Lokomotiven im Westen quasi vor der Haustüre Aschaffenburgs.

1846 beschloss das bayerische Parlament den Bau der Ludwigs-Westbahn von Bamberg über Schweinfurt und Würzburg nach Aschaffenburg und weiter ins kurhessische Hanau. „Das hat in Aschaffenburg, in der bayerischen Regierung und bei den Planern des Projekts viele Fragen aufgeworfen: Wo sollte der Bahnhof gebaut werden? Wie sollte die Route durch den Spessart verlaufen? Und das Königreich Bayern musste mit den angrenzenden Fürsten- und Herzogtümern in Hessen kooperieren", nennt Anika Magath die Herausforderungen.

Als Bahnhofsstandort wählten die Verantwortlichen ein kaum bebautes Gelände im Grünen und damit am Rand der damals etwa 7000 Einwohner großen Stadt. „Nach königlicher Anordnung sollten weder Stadtmauern noch Stadttore abgerissen werden", schreiben Sylla, Hahn und Ebert in *Blickwinkel Aschaffenburg*. Die Bahnhofsanlagen entlang der Ludwigs-Westbahn plante Gottfried von Neureuther (1811-1887) im Stil der Neorenaissance. Sie wurden in verschiedenen Größen nach einem Baukastensystem zusammengestellt, sodass sich die Bahnhöfe in Schweinfurt, Würzburg und Aschaffenburg weitgehend glichen. „Der Aschaffenburger Bahnhof war dennoch eine Besonderheit: Er wurde als zweiseitiger Kopfbahnhof errichtet. Der westliche Teil war die Endstation der aus Hanau kommenden hessischen Privatbahn, welche die 16 Kilometer zwischen der Landesgrenze bei Kahl am Main und Aschaffenburg gepachtet hatte. Im östlichen Teil des Bahnhofs endete die staatliche bayerische Ludwigs-Westbahn", schreiben Sylla, Hahn und Ebert.

Die westliche Eisenbahnlinie zwischen Frankfurt und Aschaffenburg unter der Regie der privaten Frankfurt-Hanauer Eisenbahn-Gesellschaft nahm bereits am 22. Juli 1854 den Regelbetrieb auf. Am 1. Oktober 1854 eröffneten die bayerischen Staatseisenbahnen den Aschaffenburger Bahnhof und die Strecke nach Würzburg. Täglich fuhren fünf Züge zwischen Frankfurt und München. Peter Körner schreibt in seinem Buch über *Das Aschaffenburger Bahnhofsquartier*, dass die Fahrt von Aschaffenburg in die bayerische Landeshauptstadt planmäßig 13 Stunden und 30 Minuten dauerte.

Der Sandsteinbogen ist ein Relikt der früheren Güterabfertigung am Aschaffenburger Bahnhof.

„Die Anbindung an das Schienennetz war eine große Zäsur", sagt Anika Magath. Denn sie bedeutete einen enormen Aufschwung für die Stadt. Fabriken wie die des Pumpenherstellers Anton Gentil (1867-1951), Bekleidungshersteller oder die Kalkwerke, ein von den Brüdern Heinrich und Anton Stenger 1864 in der Dämmer Aumühle gegründetes Unternehmen, siedelten sich im Bahnhofsumfeld an. „Für viele Branchen war die Eisenbahn gut. Das Fuhrgewerbe hingegen war der Verlierer", resümiert Anika Magath.

Die Gleise und Lokomotiven sorgten vielerorts zunächst für Bedenken, wie die Stadtheimatpflegerin berichtet: „Vielen waren das neue Verkehrsmittel und die damit einhergehende Geschwindigkeit nicht geheuer, andere fürchteten sich vor der schnaubenden und dampfenden Lokomotive."

Der Bahnhof und die Schienen prägten auch das Verhältnis von Aschaffenburg zu der damals unabhängigen Gemeinde Damm, die bis dahin vor allem von Landwirtschaft und den Mühlen an der Aschaff lebte (siehe Geheimnis 36). Die Schienen unterbrachen zum Beispiel die bis 1854 bestehenden Verkehrswege. Zunächst gab es Gleisquerungen mit Schranken, doch der Bahnverkehr nahm so stark zu, dass die Wartezeiten unzumutbar wurden. Deshalb entstanden um 1870 neue Verkehrsverbindungen. Anika Magath nennt als Beispiel die Burchardt- und die Müllerstraße in Damm, die durch eine Unterführung an die Hanauer Straße und damit an die Stadt angebunden wurden. Die Folge: Die Straße wurde stärker frequentiert und zu einem attraktiven Standort für Geschäfte „Die Burchardtstraße trägt den Beinamen Dämmer Zeil, weil sich hier viele Geschäfte angesiedelt haben und sie zum Zentrum wurde." Der Bahnhof ließ die Stadt und den Ort in jedem Fall zusammenwachsen, 1901 wurde Damm als Aschaffenburger Stadtteil eingemeindet.

Wie wichtig der Warenverkehr war, das bezeugt auch der Sandsteinbogen mit der Aufschrift *Güterannahme*. Er befand sich an der Güterabfertigungshalle, die an der Stelle war, wo heute der Omnibusbahnhof ist. Aber weshalb steht darauf *Richtung Preußen*? Anika Magath erklärt den Hintergrund: 1866 hatten Preußen und Österreich im Deutschen Krieg gegeneinander gekämpft. In der Schlacht von Königgrätz errang der preußische General Helmuth von Moltke (1800-1891) den entscheidenden Sieg und sicherte dem Königreich so Einfluss und Gebiete nördlich der Mainlinie. Auch das Kurfürstentum Hessen, zu dem Hanau gehörte, wurde annektiert. Da der Streckenteil Hanau-Aschaffenburg zunächst von der Frankfurt-Hanauer Eisenbahngesellschaft und später von der Hessischen Landesbahn betrieben wurde, „fing hinter Aschaffenburg aus Sicht der Eisenbahn Preußen an", sagt Anika Magath.

Der Historiker Peter Körner schreibt in seinem Buch *Das Aschaffenburger Bahnhofsquartier*, dass der Sandsteinbogen zur westlichen Ladehalle und damit zur frühen Ausstattung des Bahnhofs gehörte.

„Die Aufschrift kam erst nach 1866 hinzu", heißt es. Die Ladehalle überstand den Zweiten Weltkrieg, der Sandsteinbogen wurde erst abgetragen, als die alten Bauwerke des Güterbahnhofs 2007 dem Omnibusbahnhof wichen. Nur der Verwaltungsbau, der heute das Kundenzentrum des Nahverkehrs beheimatet, blieb stehen.

Für Anika Magath steht das Relikt aus den Anfängen des Schienenverkehrs in Aschaffenburg für viele Facetten: Die Eisenbahn erleichterte das Reisen, die Stadt wuchs und die wirtschaftliche Entwicklung nahm Fahrt auf. *„Das ist ein Stück* Der Güterverkehr spielt heute nicht mehr die *Erinnerungskultur* Rolle wie in den Anfangsjahren, stattdessen ist *in der Stadt."* der Bahnhof eine Drehscheibe für den Personenverkehr geworden. Auch heute liegt Aschaffenburg unweit der Grenze zu Hessen, aber außer bei den Tarifen bemerkt das kaum jemand. Anika Magath gefällt, dass der Sandsteinbogen und der neoklassizistische Bau der ehemaligen Güterabfertigung erhalten geblieben sind. „Das ist ein Stück Erinnerungskultur in der Stadt."

Caroline Wadenka

So geht's zum Sandsteinbogen:

Der Sandsteinbogen steht am Regionalen Omnibusbahnhof (Ludwigstraße) nahe dem Bussteig 10.

43

Treppe

Dem Horn des Ochsen entkommen

H ans Schreck muss noch heute den Kopf schütteln, wenn er daran denkt: Ein Bub war er damals, im Juli 1956, acht Jahre alt, und unfassbar aufgeregt. Während des Volksfestes sollte ein Zirkus in die Stadt kommen, den er mit der Mutter besuchen durfte! Als die beiden zu dem großen Ereignis aufbrachen, konnten sie jedoch nicht ahnen, dass der Tag noch viel aufregender werden sollte als erwartet: Sie hatten gerade den Löhergraben erreicht, als hinter ihnen helle Panik ausbrach. „Ich drehte mich um und sah drei Ochsen auf mich zu rasen", sagt der Aschaffenburger heute. All das erzählt er am Ort des einstigen Geschehens vor einer kleinen, schmalen, vergitterten Treppe, die damals zum Retter für den kleinen Hans und seine Mutter wurde: „Die Treppe war noch nicht vergittert", erklärt er. „Und das war unser Glück, denn sonst hätten uns die Ochsen vielleicht einfach plattgewalzt." Die Tiere seien aus dem seinerzeit am Löhergraben beheimateten Schlachthaus entkommen, berichtet Hans Schreck. Die Metzger hätten versucht, eine Sperre zu errichten, um die flüchtigen Tiere wieder einzufangen. Bei zweien sei das auch gelungen, doch „einer der Ochsen hat einen der Männer einfach auf die Hörner genommen und weiter oben am Freihofsplatz einen Kinderwagen umgerannt, in dem zum Glück kein Kind lag, dann ist er von der Polizei erschossen worden", erinnert sich der Augenzeuge, der noch genau weiß, dass er auf der fünften Stufe von unten stand, als er das unglaubliche Geschehen verfolgte. Nur wenige Jahre nach dem Ereignis, 1961, wurde die sehr steile, schiefe und schmale Treppe dann aus Sicherheitsgründen gesperrt.

Viel später hat sich der Aschaffenburger dann mit der Geschichte der Treppe beschäftigt, die ihn damals rettete. „Auf der Seite, die der Treppe gegenüber liegt, befanden sich früher die Badehäuser, auch der Scharfrichter wohnte hier, die Straße gab es noch nicht, nur einen Bach, der aus verschiedenen Zuläufen gespeist wurde und über den kleine

Diese Treppe rettete Hans Schreck und seine Mutter einst vor einem wild gewordenen Ochsen.

Brückchen führten." Und am oberen Ende der Treppe stand die Stiftskurie zur Alten Münze – Aschaffenburg war Sitz des Oberstifts im Erzstift Kurmainz –, in dem heute die Stadtbau untergebracht ist. „Über die Treppen gingen die Stiftsherren regelmäßig etwa 100 Stufen zu ihrer eigenen Badstube hinunter", sagt Schreck. Die Bäder seien 1339 und die Treppe 1374 erstmals urkundlich erwähnt. Und an ihrem Fuße mussten die Stiftsherren eben nicht eine Straße, sondern einen Bach überqueren. In den *Häuserbüchern* ist nachzulesen: „Der untere Teil des Löhergrabens war früher kaum bebaut. Der Welzbach nahm fast die ganze Talsohle ein. Auf beiden Seiten des Baches befanden sich ab dem Katharinenspital (Löherstraße 47) für den Personenverkehr Fußsteige aus durchschnittlich 1m hohen Mauern. Spätestens Ende des 18. Jahrhunderts wurde der obere Teil des Löhergrabens überwölbt und der Graben eingeebnet."

Stiftsherren, die zum Bade schreiten, Brücklein, ein Bach – klingt romantisch, ist es aber nicht, denn ein Bach war früher anders als heute weniger Attraktion als vielmehr lebensnotwendig und diente, lapidar gesagt, auch als Müllabfuhr. Die Tatsache, dass im Bach bequem auch Reste entsorgt werden konnten, kam nicht nur den Lohgerbern – die Rinderhäute zu Leder verarbeiteten und nach denen die Straße ihren Namen hat –, sondern auch den Metzgern zupass. Eigentlich in allen Städten waren Schlachthäuser, Lohgerbereien und ähnliche Betriebe am Fluss am Stadtrand angesiedelt – und zwar an dem Ende, an dem die Bäche die Stadt wieder verließen, damit der Unrat nicht durch die ganze Stadt floss. Auch dass der Henker hier wohnte, kommt nicht von ungefähr, denn Henker zählten zu den unehrlichen Berufen. Nicht in dem Sinne, dass sie nicht die Wahrheit gesagt hätten, nein, unehrlich meint in diesem Fall unehrenhaft. Henker wohnten meist am Rande der Stadt, auch, wenn man sie teilweise heimlich aufsuchte, weil sie sich auch als Heiler verdingten: Offiziell wollte man nichts mit ihnen zu tun haben, sie hatten keinen Zutritt zu Gasthäusern oder zu Zünften und durften nur untereinander heiraten.

Doch zurück zum Schlachthaus: „Das Aschaffenburger Schlachthaus stand sogar mitten über dem Bach, das Wasser floss darunter hindurch und die Abfälle konnten direkt hineingekippt werden", weiß Schreck. In den *Häuserbüchern* steht dazu geschrieben: „Der Bach stand vermutlich mit einer Schleuse in Verbindung, um eine größere Wassermenge anzustauen, damit die Schlachtabfälle möglichst schnell über den Welzbach direkt in den Main transportiert werden konnten." Sonderlich hygienisch war das zwar nicht, aber hygienisch waren die Gewässer des Mittelalters ohnehin nicht, Aborte führten hinein, gleichzeitig tranken die Menschen aber auch daraus, was dazu führte, dass Seuchen ausbrachen – mit ein Grund, warum man Kindern Bier und nicht Wasser zu trinken gab. Freilich bezogen auch die Brauer ihr Wasser aus den Bächen. Aus Hamburg ist eine Verordnung bekannt, nach der an Tagen, an denen gebraut beziehungsweise das Wasser dem Fluss entnommen wurde, die menschlichen Herrlichkeiten nicht in selbigem entsorgt werden durften. Später änderte sich das allerdings und aus Aschaffenburg ist den *Häuserbüchern* zufolge belegt, dass „1803 nach dem Neubau des Städtischen Schlachthofes im Löhergraben, im hinteren Schlachthof noch eine Dunggrube gebaut werden und wegen des Gestanks mit einem Eichenholzdeckel verschlossen werden" solle. Vorher, erläutert Schreck, habe sich der Schlachthof in der Metzgergasse befunden.

Ihr Fleisch verkauften die Metzger übrigens in den Fleischschirnen, die schon im Mittelalter bestanden. Die Fürstprimatische Landesdirektion beschloss im August 1807 den Neubau einer Fleischschirne, „wozu das Landing am sogenannten Jesuitenberg als der schicklichsten Plätze einer erscheine". Von friedlicher Zusammenarbeit geprägt war das Verhältnis zwischen Stadt und Metzgern aber nicht, von der Stadt gab es strenge Auflagen: „Die Metzger haben am 1. März und 1. April 1809 die Fleischschirne zu beziehen, die 36 Läden werden auf sie aufgeteilt und verboten, daß zwei Metzger in einem Laden ihre Ware feilhalten. Um eine gleiche Behandlung zu sichern, wechselt die Reihenfolge der Ladenbenutzer." Die Metzger beklagten sich wegen der Sonne, in der das Fleisch ja auch schneller verderbe, und forderten Vordächer. Die Stadt pflanzte Platanen an, damit die Schirne in der Morgensonne geschützt waren. Den Metzgern reichte das aber noch nicht aus und sie forderten im Jahr 1811, dass man über den Läden Wetterdächer anbringen lassen solle, woraufhin die Stadt befand, das solle und könne doch jeder Metzger auf eigene Kosten tun. Die Metzger konnten und wollten sich mit der Schirne aber nach wie vor nicht anfreunden: 1827 beschwerte sich die Stadt bei der Regierung, wie in den *Häuserbüchern* nachzulesen ist, dass „die Fleischschirne, dieser kostspielige Bau, zum großen Erstaunen des gesamten Publikums und zum offenbaren Schaden desselben, dagegen aber zum größten Vortheile der dahiesigen reichen auf den Hauptnahrungsplätzen der Stadt wohnenden Metzger unbenutzt dastehe". Teilweise wurden die Schirne wohl anderweitig genutzt: „Um die Schirne wieder in Gang zu bringen, sollen 1834 die notwendigen Reparaturen durchgeführt, die von Privaten genutzten Läden geräumt und bis zum 15. April von den Metzgern wieder bezogen werden." Nach längeren Streitereien – viele der Metzger nutzten die Schirne nicht oder blieben die Mieten schuldig – gab die Stadt 1836 doch noch nach und baute die begehrten Vordächer. Doch wenn man so will, war das verlorene Liebesmüh, der Fleischverkauf in den Schirnen wollte einfach nicht in Gang kommen und Frieden nicht einkehren. Daher beschloss der Magistrat 1868, „die Fleischbänke im Landing zu beseitigen". Das war also das Ende der 123,5 Meter langen Fleischbank, die „in dieser Dimension neben dem Schloß eines der größten Gebäude der Stadt" ist, wie in den *Häuserbüchern* steht.

Als die Ochsen ausbrachen, waren die Schirne also lang schon Geschichte. Wobei: Wo ihr Fleisch nach ihrem Ableben verkauft werden würde, war den Ochsen vermutlich herzlich egal. Wenn, dann hatten sie Angst vor dem Tod. Und dem konnten sie durch ihre spektakuläre Flucht auch nicht entkommen.

Eva-Maria Bast

So geht's zur Treppe:

Die Stufen führen neben dem Haus Löherstraße 16 empor.

Renate Schlumberger ist dem Rätsel um die Sandsteinplatte teilweise auf die Spur gekommen.

Sandsteinrelief

44

Nur die Wappen liefern eine Spur

Das rote Sandsteinrelief an der Außenwand des Chores der Muttergottespfarrkirche mag nicht so recht ins Bild passen. Und tatsächlich: Arbeitsspuren ringsherum deuten an, dass es nicht immer hier seinen Platz hatte. Heimatforscherin Renate Schlumberger hat sich des Rätsels angenommen und es zum Teil entschlüsseln können.

Die Kirche wurde 1183 erstmals urkundlich erwähnt. Im Lauf der Jahrhunderte erlebte sie viele Umbauten und Veränderungen: Ursprünglich gehörten ein Friedhof und die Michaels-Kapelle im Kirchhof zum Ensemble, im 13. Jahrhundert wurde die Muttergottespfarrkirche um einen 42 Meter hohen Turm ergänzt und 1768 begann der Neubau des heutigen Gebäudes (siehe Geheimnis 38). Im Zweiten Weltkrieg beschädigten Luftminen das Bauwerk schwer, wodurch die Kirche einmal mehr verändert wurde.

In die Zeit nach dem Zweiten Weltkrieg fällt auch der Umbau der Rückseite des Chors, wie Renate Schlumberger weiß. „Hier war einmal die Sakristei, aber sie musste 1952 aufgegeben und an den Turm verlegt werden, weil der Durchgang zwischen Metzger- und Schlossgasse verbreitert werden sollte", berichtet sie. Und nun kommt auch das Sandsteinrelief ins Spiel: Dort, wo es heute hängt, befand sich einst der Eingang von der Sakristei zum Kirchenraum.

Auch der Frage, an wen die Tafel erinnert, ging die gelernte Dolmetscherin auf den Grund. „Das ist ein toller, umlaufender Fries mit diesen wohl gotischen Buchstaben. Aber leider kann ich sie nicht entziffern", bedauert Renate Schlumberger. Anhaltspunkte, um das Geheimnis zu entschlüsseln, boten aber die beiden bereits etwas verwitterten Wappen: Rechts unten auf dem Relief ist ein geteiltes Emblem zu erkennen, das aus drei Kugeln und einem Löwen besteht. Auf dem oberen, das die dargestellte Person in der Hand hält, ist ein Band mit vier Zacken nach unten zu sehen. Ein Abgleich im *Aschaffenburger Wappenbuch* habe ergeben, dass das untere Wappen der Familie von Brunn und das obere dem Ritter Otto Voit von Salzburg zuzuordnen ist. „Das ist die Grabplatte von Eva von Brunn, die mit Otto Voit von Salzburg verheiratet war und 1429 gestorben ist", schlussfolgert Renate Schlumberger.

Eva von Brunn war die Tochter von Peter von Brunn und seiner Frau Agnes, die bei Münnerstadt lebten. Schon beim Ehemann beginnen die Unwägbarkeiten, berichtet Renate Schlumberger. In Stammtafeln der Voits von Salzburg werden zu dieser Zeit drei Otto Voit angegeben, die alle verheiratet waren. Ihre Gemahlinnen hießen jedoch laut Stammtafel nicht Eva von Brunn. Ob es einen vierten Otto Voit gab, den Eva von Brunn heiratete, oder sie die zweite Frau eines verwitweten Otto Voit war, ist nicht herauszufinden.

Auch die Frage, was Eva von Brunn mit Aschaffenburg verband, konnte Renate Schlumberger bislang nicht klären. „Sie ist nirgends erwähnt. Der Zusammenhang zu dieser Stelle ist rätselhaft, vielleicht ist sie hier begraben gewesen?", stellt sie eine Vermutung an. Nahrung erhält diese bislang nicht belegte Theorie durch Funde beim Bau der neuen Sakristei im Jahr 1952: Laut einem *Main-Echo*-Artikel wurden damals bei Arbeiten Gebeine im Kirchenumfeld gefunden, sowie ein Steinsarg ohne Deckel. Renate Schlumberger hält es für denkbar, dass die Grabplatte, die in die Außenfassade des Chors eingefügt wurde, vom Sarg getrennt wurde.

Im *Aschaffenburger Jahrbuch* von 1979 heißt es, dass sich beim Neubau der Sakristei „Fundamentreste und Spuren einer alten, in die Tiefe führenden Treppe" fanden. „Diese Reste könnten mit der alten Michaels-Kapelle in Verbindung gebracht werden", schreibt Autor Wilfried Brosche dort mit Verweis auf die frühere Totenkapelle. Wann diese aufgegeben wurde, ist nicht sicher. Schon ab dem 12. Jahrhundert wurde der früher sehr große Kirchhof nach und nach als Baugrund verkauft. „Die engere Umgebung der Kirche blieb immer noch Begräbnisplatz für die Bürger der Oberstadt", resümiert Brosche in seinem Aufsatz im *Jahrbuch*.

Falls auch Eva von Brunn an der Muttergottespfarrkirche ihren Grabplatz hatte, so vermutet Renate Schlumberger, dass sie „edel und reich" gewesen sein müsse: „So ein Grab konnte man sich im Mittelalter sonst nicht leisten." Ob die Entschlüsselung der Schrift dabei helfen könnte, das Rätsel um Eva von Brunn zu lüften? Renate Schlumberger würde es freuen, nicht zuletzt, weil die Grabplatte einen so prominenten Platz erhalten hat.

Caroline Wadenka

So geht's zum Sandsteinrelief:

Das Sandsteinrelief befindet sich auf der Rückseite der Muttergottespfarrkirche an der Außenwand des Chores an der Metzgergasse 2.

45

Pater-Bernhard-Denkmal

Zweifel an der Errettungs-Legende

Sattgrünes Moos hat sich um den Kopf des Kapuzinerpaters Bernhard von Trier gelegt, der vom Denkmal an der Kleinen Schönbuschallee blickt. Jeden Tag kommen unter anderem viele Kinder aus dem nahen Schulzentrum daran vorbei. Stehen bleibt zwar kaum jemand. Die Erzählung, wonach der Kapuzinerpater die Stadt im Dreißigjährigen Krieg 1631 vor der Zerstörung durch den schwedischen König Gustaf Adolf gerettet haben soll, gehört aber quasi zum kollektiven Gedächtnis der Aschaffenburger. Allerdings ist den wenigsten, die vorbeikommen, bewusst, dass hier an ein Ereignis erinnert wird, das so nicht stattgefunden hat. Der Journalist Frank Sommer findet das nicht richtig.

Die wohl am häufigsten erzählte Version der Sage wurde 1851 in den *Sagen des Spessarts* von Adalbert von Herrlein veröffentlicht. Demnach überreichte der Guardian des Kapuzinerklosters, Bernhard von Trier, am 25. November 1631 in Begleitung des Stadtrats jenseits der Mainbrücke kniend – und damit im Bereich der Stelle, wo heute das Denkmal steht – die Schlüssel der Stadt an den schwedischen König und bat um Gnade für Aschaffenburg. Beim Einzug in die Stadt ging Bernhard neben dem Schwedenkönig, der am Schloss gesagt haben soll: „Ein feines Schloß! Wenn Räder daran wären, würden wir es nach Schweden führen lassen." Da das aber nicht der Fall sei, würde er es dem „Kriegsvolke" preisgeben. Der gewitzte Kapuzinerpater entgegnete darauf, dass das Schloss „mit mehr als hundert Rädern versehen" sei – und wies auf das Mainzer Wappen in Form eines Rads, das die Schlossfassade vielfach ziert. „Pfäfflein, Pfäfflein, du gefällst uns; du bist ebenso schlau als herzhaft. Um deinetwillen wollen wir der Stadt und dem Schlosse Gnade angedeihen lassen", wird der Schwedenkönig in der Erzählung zitiert.

1931 jährte sich diese sagenhaft friedliche Schlüsselübergabe zum 300. Mal. Der Stadtrat ließ zu diesem Anlass ein Denkmal aus Muschel-

Frank Sommer sähe das Denkmal, um dessen historische Grundlagen sich Fragen ranken, gerne um eine Informationstafel ergänzt.

kalk des Aschaffenburger Bildhauers Otto Gentil errichten, obwohl ein einzelner Kapuziner schon damals Zweifel am Wahrheitsgehalt geäußert hatte. „Das hat doch auch etwas gekostet und jemand hat das Denkmal bewilligt", wundert sich Frank Sommer.

Der Leiter des Stadt- und Stiftsarchivs, Hans-Bernd Spies, analysierte 1998 verschiedene Quellen, reiste 2005 sogar nach Stockholm und kam zum Schluss, dass die Geschichte vom tapferen Kapuzinerpater „unglaubwürdig ist und nicht den Tatsachen entspricht". Die Nachforschung hat Frank Sommer beeindruckt: „Man hat das Denkmal errichtet, aber zugetragen hat es sich so nicht. Ich habe keine Ahnung, wie die Legende zustande gekommen ist."

Für Aschaffenburg hatte die Nachricht, dass die Schlüsselszene der Stadtgeschichte sich nicht so ereignet hatte, wie seit Generationen überliefert, Sprengkraft. Laut dem Historiker Spies wurde Aschaffenburg am 22. November 1631 – und damit drei Tage früher als in der Sage – kampflos von der schwedischen Kavallerie unter Oberstleutnant Torsten Stalhandske eingenommen. Es waren wohl Vertreter des Stadtregiments, die die Stadtschlüssel an die Schweden aushändigten. Am folgenden Tag zog König Gustaf Adolf ein, der Aschaffenburg nach einer Nacht wieder verließ. Keine schwedische Quelle erwähnt besondere Vorkommnisse, in keiner vor 1735 gedruckten Nachricht ist von der Mitwirkung eines Kapuzinerpaters die Rede.

Die Kapuzinervertreter reagierten irritiert auf die Veröffentlichung von Hans-Bernd Spies und hielten sie für keinen Beweis, dass Bernhard von Trier 1631 nicht bei der Schlüsselübergabe dabei war. Schließlich sei die Anwesenheit bei solchen Anlässen nie vollständig erfasst worden. Zudem sei der Protokollant aus Schweden, also einem protestantischen Land gekommen, und habe mit einem Kapuziner wohl nichts anfangen können.

Sommer erinnert sich, dass damals auch der nicht ganz ernst gemeinte Vorschlag im Raum stand, das Denkmal zu sprengen. Daraufhin schaltete sich der damalige Oberbürgermeister Klaus Herzog in den Streit ein und glättete die Wogen. Letztlich blieb das Denkmal stehen, da es auch als Symbol für das Engagement der Kapuziner in Aschaffenburg gesehen wird.

„Eine Sprengung wäre zu weit gegangen", urteilt Frank Sommer rückblickend. Dass das Muschelkalk-Relief mit Inschrift stehen geblieben ist, kann er in gewisser Weise nachvollziehen: „Wenn die Herzen eben dran hängen." Aus seiner Sicht aber sollte das Pater-Bernhard-Denkmal eingeordnet werden: „Ich finde, eine Erklärungstafel am Denkmal, wie es sich den Quellen zufolge wirklich zugetragen hat, wäre das Mindeste, was man tun könnte."

Denn Frank Sommer beschäftigt sich als geschichtsinteressierter Privatmann mit vielen Biografien, setzt sich für Stolpersteine zur Erinnerung an jüdische Mitbürger ein oder stellt auch mal einen Straßennamen infrage. Dass es trotz der Zweifel an der Sage ein Denkmal für Pater Bernhard gibt, die nachgewiesenen Taten anderer Mutiger aber nicht gewürdigt werden, treibt ihn um. In den Köpfen der Aschaffenburger jedenfalls lebt die Sage vom gewitzten Kapuzinerpater weiter.

„Ich finde, eine Erklärung am Denkmal, wie es sich den Quellen zufolge wirklich zugetragen hat, wäre das Mindeste, was man tun könnte."

Caroline Wadenka

So geht's zum Pater-Bernhard-Denkmal:

Das Denkmal für Bernhard von Trier befindet sich am Anfang der Kleinen Schönbuschallee. Von hier zweigen Wege zum Schulzentrum, nach Großostheim und auf die Willigisbrücke in Richtung Stadt ab.

46

Wasserrohr

Hilfestellung eines adeligen Fans

D er Park Schönbusch ist ein begehbares Gemälde. Wer die Rote Brücke überquert und rechts herum Richtung Schloss Schönbusch geht, entdeckt eine weiße Rundbank am Rand der großen Wiese oder erhascht dank der erhaltenen Sichtachse einen Blick auf Schloss Johannisburg. Bei all diesen Hinguckern könnte man das versteckte Metallrohr leicht übersehen, das hinter einer Bank liegt und an dem schon Tausende Spaziergänger vorbeiflaniert sind. Wie passt es in die herrschaftliche Kulisse?

Johannes Lindner, Betriebsleiter des Landschaftsparks Schönbusch, schiebt den Efeu etwas beiseite, der das Rohr verdeckt. „Was es damit auf sich hat, lässt sich am besten mit einem Blick in die Geschichte ergründen", sagt er und beginnt mit seiner Reise in die Vergangenheit: Der Landschaftspark gilt als einer der ersten englischer Prägung in Süddeutschland. Auf Initiative des damaligen Mainzer Erzbischofs und Kurfürsten Friedrich Carl von Erthal (1719-1802) wurde das Nilkheimer Wäldchen ab 1775 in einen Park umgestaltet, der von Anfang an als Volksgarten konzipiert war.

Die Gewässer spielten und spielen eine zentrale Rolle im Park Schönbusch. Neben dem Unteren See, der heute noch erhalten ist und das Herz des Parks bildet, gab es früher auch einen großen Oberen See, der laut Lindner acht Hektar maß. Gemälde aus früheren Zeiten zeigen das Schloss Schönbusch, als es zu beiden Seiten noch große Wasserflächen gab. In stilvollen Gondeln wurden Besucher über den Oberen See geschippert.

Bei all dem Idyll gab es jedoch ein Problem: „Der Wasserzufluss in den Schönbusch reichte nicht aus", erzählt Lindner. Auch deshalb verabschiedeten sich die Väter des Schönbusch von Elementen, die ursprünglich im Park geplant waren, zum Beispiel vom geplanten Wassersturz unter der Teufelsbrücke.

„Wasser war schon immer das A und O für den Park", weiß Johan-

Für Johannes Lindner zeugt das Rohr vom jahrhundertelangen Ringen um genug Wasser für den Park Schönbusch.

nes Lindner. Als der Schönbusch entstand, versuchten die Baumeister um Emanuel Joseph von Herigoyen (1746-1817) das Problem zu beheben, indem sie etwa den Welzbach umleiteten (siehe Geheimnis 23).

1790 schloss der prägende Gestalter des Schönbusch, Friedrich Ludwig von Sckell (1750-1823), seine Arbeit am Landschaftspark ab, obwohl seine ursprünglichen Ideen für die Randbereiche noch nicht umgesetzt waren. Ab diesem Zeitpunkt wurde der Landschaftspark nicht mehr gestaltet, sondern erhalten. Das Problem des knappen Wassers war aber weiterhin ungelöst.

Bei Hitze im Sommer, wenn die Bauern in den Dörfern oberhalb des Schönbusch mehr Wasser als sonst entnahmen, erreichte den Park so wenig kühles Nass, dass 1814/1815 und vor allem in den 1840er- und 1860er-Jahren der Obere und manchmal auch der Untere See trocken fielen. „Wenn wieder Wasser strömte, versickerte es großteils, denn die Böden der künstlichen Seen waren durch die Austrocknung undicht geworden", weiß Johannes Lindner.

Von Efeu umrankt: Dieses Scharnier gehörte zu einer Hebeanlage, die Wasser vom Main in den Park Schönbusch förderte. Das Dampfwerk, das die Pumpe antrieb, hatte König Ludwig I. gestiftet.

Das wusste auch ein adeliger Fan des Parks: König Ludwig I. (1786-1868) hatte mit seiner Familie schon als Kronprinz viel Zeit in Aschaffenburg verbracht und war der Stadt zugetan. Das belegt nicht zuletzt das Pompejanum, der Nachbau einer römischen Villa hoch über dem Main. Zu seiner Begeisterung für Aschaffenburg kam seine Technikaffinität: 1865, also bereits nach seiner Abdankung, stiftete Ludwig I. 25.000 Gulden aus seinem Privatvermögen für ein Dampfpumpwerk am Main. Dieses konnte bei Bedarf Wasser vom Fluss in den Schönbusch bringen und den Oberen See mit Wasser versorgen. Das Rohr hinter der Bank, das

das heute noch zu sehen ist, gehörte zu dieser Anlage und leitete das vom niedriger gelegenen Main hochgepumpte Wasser in den Oberen See. Lindner vermutet, dass das Dampfwerk nicht nur die Schönbusch-Pumpe versorgte, sondern auch andere Abnehmer wie ein Sägewerk im Hafen hatte.

Ein Vertrag regelte, welchen Betrag die Parkverwaltung pro Saison für das Wasser bezahlen musste. Allerdings konnte auch diese technische Neuerung den Wassermangel im Schönbusch nicht endgültig beseitigen, wie Lindner dank Aufzeichnungen von Werner Helmberger von der Museumsabteilung der Schlösserverwaltung weiß: „Die Maschine und die Leitungen waren häufig defekt."

Doch auch wenn die Pumpe Mainwasser in den Schönbusch beförderte, ging viel verloren: Es versickerte wegen der undichten Bodenschicht oder verdunstete bei Wind und Wärme. Letztlich war der Obere See wegen des Wassermangels nicht zu halten. In mehreren Schritten wurde er bis 1915 auf die heute verbliebene Fläche verkleinert. Der größte Teil des früheren Sees ist heute eine Wiese, auf die auch das Metallrohr führt. Damit der Untere See nicht ebenfalls austrocknet, wurde der Boden 1976 mit Lehm abgedichtet.

Das Metallrohr der früheren Hebeanlage zeugt vom jahrhundertelangen Ringen um Wasser für den Landschaftspark. Johannes Lindner malt sich beim Blick über die große Wiese aus, wie es hier früher ausgesehen hat, als auf dem Oberen See noch die Gondeln fuhren.

Caroline Wadenka

....

So geht's zum Wasserrohr:

Das Rohr befindet sich hinter einer Bank im Park Schönbusch: Nach der Roten Brücke nimmt man nicht den Uferweg, sondern zweigt rechts ab. An einer weiteren Weggabelung liegt die Bank, geradeaus führt der Weg zum Schloss Schönbusch weiter.

47

Höhenmarke

Das leere Feld in der Plakette

W as der Adler da in seinen Klauen hält? Offenbar nur einen Kranz, in dem sich ein leeres Feld befindet. Doch der Adler ist ein Reichsadler, der Kranz ein Siegerkranz und in dem heute leeren Feld befand sich einst das beschämendste Symbol deutscher Geschichte: das Hakenkreuz. Zu finden ist der Adler, bei dem es sich um eine Höhenmarke handelt, am westlichen Turmsockel der Stiftskirche. Höhenmarken dienten und dienen Geodäten bei Vermessungen.

Reichs- oder Parteiadler, die einen Siegerkranz in ihren Klauen halten und darin ein leeres Feld, finden sich heute in Deutschland noch in großer Zahl. Einen davon hat Gästeführerin Renate Gernhardt in Aschaffenburg entdeckt. Sie sind entstanden, als die Nazis mit der Machtergreifung im Jahr 1933 auch den Reichsadler der Weimarer Republik an sich rissen und ihn mit Hakenkreuz und Eichenkranz ausstatteten. Es gab den Adler in zwei Varianten: Blickte er vom Betrachter aus gesehen nach links, wie das beim Adler an der Stiftskirche der Fall ist, diente er während der Schreckensherrschaft der Nazis als Reichsadler und Staatswappen. Blickte er in die andere Richtung, galt er als Parteiadler und Parteiabzeichen.

Deshalb zierten – oder besser verunzierten – in der Nazizeit unzählige Reichsadler mit Siegerkranz und Hakenkreuz Balkone und Fassaden, es gab sie als größere und kleinere Statuen. Und sehr oft eben auch als Höhenmarken an Kirchen und öffentlichen Gebäuden. Während der Entnazifizierung wurden die Hakenkreuze aus den Feldern geschlagen, die Adler mit ihren Siegerkränzen aber blieben. Renate Gernhardt ist sich relativ sicher, den Tag zu kennen, an dem das Hakenkreuz entfernt wurde: „Am 7. Juli 1945 hat die amerikanische Militärregierung die Säuberung Aschaffenburgs von allen nationalsozialistischen Namen und Abzeichen angeordnet."

Als das Zeichen herausgeschlagen wurde, war in Aschaffenburg,

Symbole wie diese sind noch häufig in Deutschland zu finden.

war in ganz Deutschland nichts mehr so wie vorher. Diejenigen, die das Hakenkreuz zum Symbol ihrer menschenverachtenden Ideologie erklärt hatten, hatten unendliches Leid über die Welt gebracht. Carsten Pollnick, langjähriger Mitarbeiter des Stadt- und Stiftsarchivs, zieht in seinem Buch *Die Entwicklung des Nationalsozialismus und Antisemitismus in Aschaffenburg 1919-1933* eine traurige Bilanz: „Die Vernichtung jüdischen Gemeinschaftslebens sollte total sein. […] Die jüdische Gemeinde Aschaffenburg existierte nach 1945 […] nicht mehr. Namen, die in der Stadt über Jahrzehnte einen Klang hatten, waren ausgelöscht […] 1933 lebten in Aschaffenburg 749 jüdische Mitbürger." Nach 1945 seien 352 Juden „im Inland verzogen […] 120 davon wurden aus verschiedenen anderen deutschen Städten deportiert, 378 konnten ins Ausland auswandern, 84 waren verstorben, 7 hatten den Freitod aus Verzweiflung gewählt." 186 Juden seien von Aschaffenburg aus in Konzentrationslager gebracht worden. Nur fünf jüdische Mitbürger, die von Aschaffenburg aus deportiert worden waren, überlebten das Grauen des Konzentrationslagers Theresienstadt."

Für alle anderen kam die Rettung durch die Alliierten zu spät. Das menschenverachtende Regime Adolf Hitlers, das das Hakenkreuz zu seinem Symbol gemacht hatte, hatte sie das Leben gekostet.

Eva-Maria Bast

So geht's zur Höhenmarke:

Sie befindet sich am westlichen Turmsockel der Stiftskirche (Stiftsgasse).

Wer ist hier dargestellt? Dass die rechte Steinfigur einen Mann zeigt, darüber sind sich alle Betrachter einig. Aber schon bei der Frage, ob links ein Mann oder eine Frau zu sehen ist, gibt es unterschiedliche Auffassungen.

48

Figuren

Rätselhaftes Duo mit Mainblick

S ie genießen einen atemberaubenden Blick auf das Mainknie, abgesehen von ein paar Eidechsen bekommen sie keinen Besuch: Viel mehr weiß man nicht über die beiden Figuren, die in der Mauer unterhalb der Terrasse am Gartenpavillon – besser bekannt als Frühstückstempel – eingelassen sind. Woher das Gebäude seinen Namen hat, ist ein Geheimnis für sich. Auf Heimatforscherin Renate Schlumberger jedenfalls üben die Steinreliefs eine große Faszination aus. „Ich finde die Figuren schön. Niemand weiß, wen sie darstellen und aus welcher Zeit sie sind."

Die gelernte Dolmetscherin hat viele geschichts- und kunstinteressierte Aschaffenburger nach den Steinreliefs gefragt. Aber kaum jemand wusste etwas über sie und ihren Ursprung zu berichten. Nur der Enkel des früheren Bootsverleihers habe ihr erzählt, dass die Figuren nach Auffassung seines Opas aus einer Kapelle stammen, die frü-

179

her hier gestanden habe. Eine Vermutung, die auch Renate Schlumberger teilt: „Ich denke, dass sie nachträglich in die Stützmauer eingefügt wurden."

Um dieser These nachzuspüren, hat sich die Aschaffenburgerin mit der Entwicklung des Geländes befasst: Auf einer Karte von 1615 ist im Bereich des heutigen Frühstückstempels ein Turm zu sehen, der als „Gartenhaus aufm Schutz" bezeichnet ist. Markus Marquart, Archäologe bei den Museen Aschaffenburg, erläutert, dass das weitgehend unbebaute Gelände in den Mauern der mittelalterlichen Stadterweiterung lag und wegen des Turms wohl die Flurbezeichnung „Schutz" trug.

1620 berief Kurfürst und Erzbischof Johann Schweikard von Kronberg (1553-1626), der auch Schloss Johannisburg erbauen ließ, die Kapuziner nach Aschaffenburg. Zunächst erhielten die Mönche die St. Michaelkapelle und ein Haus an der Stelle, wo heute die Muttergottespfarrkirche steht. Doch dieses Domizil wurde bald zu klein für die Kapuziner. Erzbischof Schweikard von Kronberg schenkte ihnen deshalb den Garten „Auf dem Schutz". Als dort 1626 der Grundstein für das Kapuzinerkloster gelegt wurde, seien eine unterirdische Krypta und Mauerwerk gefunden worden, schrieb Maria Lapinski 1999 in den *Würzburger Diözesan-Geschichtsblättern*. „Was anschließend mit dem Kryptafund geschah, schließt sich leider nicht an", berichtet Archäologe Markus Marquart.

Den Turm nutzten die Kapuzinermönche als Wohnung für Patres, die in Pestzeiten Kranke pflegten. „Aus Quarantänegründen konnten sie nicht im Kloster leben", erläutert Heimatforscherin Renate Schlumberger. Später stand hier eine Kapelle, die dem heiligen Rochus geweiht war – dem Schutzpatron der Pestkranken und der Tiere. Über die Frage, ob sie neugebaut oder der Turm umgenutzt wurde, gehen die Meinungen auseinander. Archäologe Marquart tendiert zu der Annahme, dass der Turm nicht abgerissen, sondern umgebaut wurde, um im Untergeschoss die Kapelle und im Obergeschoss die Quarantänewohnung der Mönche unterzubringen.

Die Kapuziner nutzten das Gelände, das sich bis zum Main hinunter zog, vielfältig: 1748 wurde eine zweite Kapelle „Zur schmerzhaften Muttergottes" gebaut. Ein Ziehbrunnen von 1597 lieferte Wasser, die Kapuziner pflanzten Weinstöcke und in Richtung Main gab es, wie auch in anderen Kapuzinerklöstern, eine Einsiedelei. In diesen Orten der Andacht konnten Eremiten oder Einsiedler ein zurückgezogenes Leben des Gebets führen.

Der Hang bereitete den Kapuzinern viel Kopfzerbrechen: Starker Regen und instabile Felsen ließen das Gelände immer wieder abrutschen. Für die Sicherung mussten die Mönche viel Geld ausgeben, um zum Beispiel Sträucher und Bäume zu pflanzen. Gerne hätten sie an dieser Stelle über dem Main eine Terrasse angelegt, wie Pater Sigismund Lorenz in dem Buch *Aschaffenburger Klosterbilder* schreibt. Letztlich verzichteten sie aber aus Kostengründen darauf.

Als die Pläne für den Frühstückstempel des Mainzer Erzbischofs und Kurfürsten Carl Friedrich von Erthal (1719-1802) verfolgt wurden, veränderte sich die Situation für die Mönche. Denn 1777 wurde das Gelände des Gartens mit dem schönsten Blick auf den Main von den Kapuzinern zurückgefordert. Als Ausgleich erhielten sie Geld, Holz und jedes Jahr ein Ohm Landwein, was ungefähr 160 Litern entspricht.

1778 mussten die Rochuskapelle, die Kapelle der schmerzhaften Muttergottes und wohl auch die Einsiedelei weichen. 1782 entstand der Frühstückstempel nach Plänen des Baumeisters Emanuel Joseph von Herigoyen (1746-1817). Beim Bau der Terrasse sollen Steine der Vorgängerbauten genutzt worden sein. Könnten die Figuren so an die Stelle gekommen sein, wo sie heute noch sind?

Hobbyforscherin Renate Schlumberger faszinieren die Steinfiguren in der Mauer am Frühstückstempel. Das Geheimnis um ihren Ursprung hat sie bislang nicht lösen können.

Die Mauer ist Eigentum der Schlösserverwaltung, weshalb eine Nachfrage bei dem für Aschaffenburg zuständigen Museumsreferenten Werner Helmberger in München nicht schaden kann. „Es kann nur vermutet werden, dass beim Neubau des sogenannten Frühstückstempels 1782 auch die

Stützmauer der Terrasse saniert wurde und dabei die beiden Reliefs als Überreste eines älteren Bauwerks mit eingemauert wurden." Auch er legt sich zur Frage des Ursprungs nicht fest: Eventuell könnten die Figuren aus der Rochuskapelle stammen, auch wenn die dargestellten Figuren nicht zu identifizieren seien. Für Heimatforscherin Renate Schlumberger ist ein Zusammenhang mit dem Kapuzinerkloster gut vorstellbar, aber Beweise gibt es nicht. „Alles ist nur Spekulation." Aber solange nicht feststeht, wie alt die Figuren sind, wisse man nicht, wo man gezielt forschen solle, beschreibt sie das Dilemma.

Auch die Art der Darstellung trägt nichts Eindeutiges zur Lösung des Rätsels bei: Bei der rechten Figur gehen alle Betrachter davon aus, dass es sich um einen Mann handelt. Ein Bart ist erkennbar, die Figur hat die Handrücken auf den Knien liegen, die Handflächen weisen nach oben.

Bei der zweiten Figur aber herrscht Uneinigkeit: In einem *Main-Echo*-Beitrag vom Januar 1952 beschrieb der Autor sie als Frau, womöglich als Maria, die ihr Kind hält. Renate Schlumberger empfindet die Armhaltung jedoch als untypisch für eine Mutter, zudem erscheint ihr die Hand für eine Frau zu groß. „Vermutlich wurde die Figur wegen des Schleiers für Maria gehalten. Aber ich habe auch Johannes-Abbildungen in Ölberg-Gruppen gesehen, in denen dieser einen Schleier trägt." Johannes werde dort ohne Bart und mit langen Haaren gezeigt.

Das Rätsel um die Steinfiguren lässt Renate Schlumberger nicht los. Deshalb würde sie sich über eine genauere Erforschung und Erhaltung sehr freuen, denn: „Die Figuren sind dem Wetter sehr ausgesetzt."

Caroline Wadenka

So geht's zu den Figuren:

Die Figuren in der Mauer unterhalb der Terrasse des Frühstückstempels sind am besten von der Mainseite aus zu sehen. Am Theoderichstor schlägt man dazu einen Wiesenweg entlang der Mauer ein.

Hans Sommer vor der ehemaligen Gaststätte
„Zum Letzten Hieb".

Zum letzten Hieb

Das Geheimnis um einen Namen

49

Ob das Bier hier geschmeckt hat? Ob die Fantasie nicht doch einen leichten metallischen Geschmack auf die Zunge zauberte? Den Geschmack nach Blut? „Ich glaube nicht", sagt der geschichtskundige Aschaffenburger Hans Sommer lachend. „Sonst hätte die Betreiberfamilie vermutlich irgendwann den Namen geändert."

Die Betreiberfamilie, das war die Brauerfamilie Geiger, und warum sie ihren Felsenkeller mit angegliederter Wirtschaft nannte, wie sie ihn nannte – nämlich „Zum Letzten Hieb" – dazu gibt es, wie Sommer, der sich eingehend mit dieser Frage beschäftigt hat, erklärt, mehrere Thesen. „In der Volksschule", sagt Sommer, „hat man uns weismachen wollen, dass im Bruderkrieg von 1866, in dem sich die Preußen mit den Österreichern in der Fasanerie ein blutiges Gefecht geliefert haben, dass also nach diesem Gefecht die Österreicher vor den überlegenen Preußen abgehauen wären und Reißaus genommen hätten. Der letzte Säbelstreich im Fasaneriegefecht soll beim Zeughaus, und damit nahe am Geigerschen Felsenkeller geführt worden sein." Diese Erklärung, so Sommer, vernachlässige allerdings, „dass die aus dem Aschafftal heranrückenden Preußen nicht etwa die besseren Haudegen waren, sondern dank ihrer neuen Zündnadelgewehre die schnelleren Schützen. Und so erlitten die Österreicher ihre größten Verluste auf offenem Feld zwischen der Fasanerie und der Stadtmauer. Womöglich gab es an der Fasanerie sogar einen letzten Hieb, aber keinen letzten Schuss und das Töten ging in gesteigertem Tempo weiter."

Mit dem 1866er-Krieg ist der sogenannte Deutsche Krieg gemeint, der mit dem Sieg Preußens endete (siehe Geheimnis 42). Und es gab sie auch tatsächlich, die Schlacht von Aschaffenburg, die sich am 14. Juli 1866 während des Mainfeldzugs ereignete. Und auch das stimmt: Einerseits waren die Preußen, die Österreicher und die Hessen beteiligt, wobei es sich bei den Truppen des VIII. Korps der deutschen Bundesarmee andererseits hauptsächlich um Österreicher handelte. Am 14. Juli 1866 jedenfalls rückten die Preußen über den Spessart vor. Die Bundestruppen hatten sich zur Verteidigung Aschaffenburgs östlich der Stadt in der Fasanerie positioniert, um sich den preußischen Mannen wehrhaft entgegenzustellen. Dem heftigen Feuer der Preußen konnten sie aber letzten Endes nicht genug entgegensetzen und den Österreichern und Hessen blieb nicht viel anderes übrig, als zurück in die Stadt zu flüchten. Woraufhin die Preußen über das Herstalltor einfielen und das Gemetzel in heftigen Straßenkämpfen fortsetzten. Die Bundestruppen flohen in Richtung Westen über den Main – und da ist auch schon die nächste Zutat unserer Geschichte: die Mainbrücke, über die sich die fliehenden Truppen zurückzogen. Nicht allen gelang die Flucht, zahlreiche Männer gerieten in Gefangenschaft. Und die, die es schafften zu entkommen, waren in kläglichem Zustand. Ein Oberst Keller berichtet in seinen Feldpostbriefen von der Ankunft der österreichischen Soldaten in Babenhausen im Anschluss an die Schlacht: „Ohne Waffen und Ausrüstung. Ein österreichischer Offizier habe ihm mitgeteilt, dass Ihre Soldaten ‚die Italiener', sich sehr schlecht geschlagen hätten. Teilweise musste Waffengewalt eingesetzt werden, um sie überhaupt nach vorn an die Front zu bringen." Auch Theodor Fontane (1819-1898), der in der Schlacht mitkämpfte, widmet dem Ereignis einen Bericht, in dem er den Hergang der militärischen Auseinandersetzung sehr detailliert schildert, sich aber auch zu dieser Bemerkung hinreißen lässt: „Ob es gerathen war, hier, noch dazu mit unausreichenden Kräften, einen Kampf aufzunehmen, muß billigerweise bezweifelt werden."

Für Aschaffenburg jedenfalls ging die Schlacht nicht gut aus – viele Menschen mussten ihr Leben lassen. „Es ist nicht ganz auszuschließen, dass eine in jener Zeit entstandene Gaststätte nach diesem für die Bürger so traumatischen Ereignis benannt wurde, auch wenn es einen letzten Hieb an der Fasanerie nicht gegeben hat", meint Sommer.

„Für interessant hält er eine Anmerkung im *Deutschen Städtebuch*, in dem Autor Erich Keyser vermutet, der Name des Felsenkellers und Biergartens habe mit einem Hochgericht am Godelsberg zu tun und deute auf Enthauptungen hin, die dort ab 1788/89 nach Verlegung des Gerichtsplatzes vom Galgenbuckel in Damm, dem heutigen Schönberg, zum Godelsberg stattgefunden haben sollen. „Ein Flurgewann mit dem Namen Richtplatz gibt es allerdings erst 800 Meter weiter an der Kastanienallee und damit kann auch ein Platz gemeint sein, an dem die Zimmerleute die Balken richten", meint Sommer.

Viele Hinrichtungen hat es am Godelsberg vermutlich nicht gegeben, denn die letzte öffentliche hat in Aschaffenburg am 19. November 1823 stattgefunden – allerdings nicht am Godelsberg, sondern der vielen Schaulustigen wegen auf dem Exerzierplatz, der sich damals an der Stelle des heutigen Volksfestplatzes unterhalb der Willigisbrücke am linken Mainufer befand. „Die Hinrichtung des Raubmörders Johann Scheid geriet zu einem wahren Debakel: Der Scharfrichter, ein damals schon etwas älterer Herr, hatte so etwas schon länger nicht mehr verrichtet und in der Aufregung zu tief gehauen. Erst nach dem zweiten Schwertstreich trat der Tod ein. Einige der aufgebrachten rund 10.000 Zuschauer machten Anstalten, den aus Würzburg angereisten Beamten zu lynchen, was durch eine Abordnung des Militärs verhindert wurde", zitiert Sommer die *Aschaffenburger Zeitung* Nr. 177 vom 19. November 1823.

Und er stellt noch eine dritte Überlegung an: „Dass es am Godelsberg für einige Jahre ein Hochgericht gegeben haben soll, mag schon zur Namensgebung der Gaststätte beigetragen haben. Es war aber sicherlich nicht der alleinige Anlass, denn der Aschaffenburger Letzte Hieb ist nicht die erste Gastwirtschaft, die in Franken so geheißen hat."

Bereits 1952 hat der Aschaffenburger Oberlehrer Hermann Fischer herausgefunden, dass es auch in Nürnberg, Bamberg, Würzburg und Abenberg Gaststätten dieses Namens gab. Sommer recherchierte weiter und fand den Namen Zum letzten Hieb in weiteren fünf Orten: Langenprozelten, Wiesentheid, Neustadt an der Aisch, Erlangen und München. „Der Schwerpunkt seines Vorkommens liegt offenbar im Fränkischen und zudem im Bereich von Bier- und Felsenkellern am Ortsrand und an Ausfallstraßen. Daher erachte ich eine weitere Deutungsmöglichkeit des Wirtschaftsnamens als plausibel: Die Keller unter den Wirtsgärten wurden in mühseliger Arbeit bergmännisch aus dem Felsen gehauen – bis zum letzten Hieb. Und so mag dann die Wirtschaft geheißen haben."

Mit dieser Vorstellung schmeckte bestimmt auch das Bier besser – zumal sich die Arbeiter vielleicht nach getanem Werk selbst einen großen Schluck gegönnt haben. Das ist zur Abwechslung mal eine ganz und gar unblutige These.

Eva-Maria Bast

....
So geht's zum letzten Hieb:

„Zum letzten Hieb" gelangt man am Ende der Bismarckallee (Bismarckallee 5-3).

Sandsteinköpfe

50

Reale Personen zwischen Dämonen

Auf der Brücke zum Haupteingang von Schloss Johannisburg bleibt Gästeführerin Ulli Weißhaar plötzlich stehen.
„Sehen Sie ihn?", fragt sie und deutet zum Ostturm, der
rechts von der Brücke liegt. „Er ist direkt unter der Balustrade." Und tatsächlich: Zwischen den Dämonenmasken fällt ein Män-
nergesicht auf, das ganz menschlich erscheint und milde herunterlä-
chelt. Und auch an anderen Stellen lassen sich ganz real wirkende
Konterfeis entdecken. Aber wie sind sie bitte zwischen all die Fratzen
an der Schlossfassade gekommen?

Die Köpfe aus Sandstein werden auch Neidköpfe genannt. Sie
gehen auf einen alten Brauch zurück: Auf diese Weise sollten böse
Mächte und äußere Feinde von Gebäuden abgeschreckt werden – ein
Prinzip, das auch beim Flennels (siehe Geheimnis 12) in der Metzgergasse erkennbar ist. Das Prinzip dieser unheilabwehrenden oder apo-

tropäischen Handlung ist die Spiegelung: Böse Mächte und Geister sollten sich in den Darstellungen erkennen und das Haus dadurch entweder als bereits besetzt ansehen oder in die Flucht geschlagen werden, da Dämonen laut mythischen Überlieferungen den Anblick ihrer selbst nicht ertragen. In der Architektur finden sich solche unheilabwehrenden Elemente vor allem an Außenwänden.

Auch der beeindruckende Renaissancebau Schloss Johannisburg hoch über dem Main wurde von jeher auf diese Weise beschützt. Ab 1605 errichtete Baumeister Georg Ridinger (1569-1617) im Auftrag des Mainzer Erzbischofs und Kurfürsten Johann Schweikard von Kronberg (1553-1626) den Vierflügelbau als Zweitresidenz. Die symmetrische Anlage des Schlosses, der tolle Ausblick und die detaillierten Fassadenverzierungen wie offene Nischen, sogenannte Diamantquader, Obelisken und eben auch die Neidköpfe gehören zu den herausragenden Merkmalen.

Im Zweiten Weltkrieg jedoch war das Aschaffenburger Wahrzeichen schwer in Mitleidenschaft gezogen worden: 1944 sorgten Bomben aus der Luft für massive Schäden, im März 1945 war das Schloss nach Artilleriebeschuss nahezu völlig ausgebrannt. Es glich einer Ruine. Ob es wiederaufgebaut werden sollte, war zunächst nicht klar. Am 3. Juni 1954 gründete sich der Aktionsausschuss zum Wiederaufbau, der den Rückhalt für das Projekt seitens der Aschaffenburger Bevölkerung dokumentierte und mit einer Lotterie Geld einwarb.

War die Schlossruine nach dem Krieg vor allem gesichert worden, begann 1954 nach und nach der Wiederaufbau. 1956 stellte die bayerische Verwaltung der staatlichen Schlösser, Gärten und Seen auf Vorschlag des Landbauamts den Architekten Gunther Parussel für Planungsarbeiten am wiederaufzubauenden Schloss an. Ziel war, das Äußere des einst prachtvollen Renaissancebaus wiederherzustellen.

Ein Hauptaugenmerk kam dabei den reichen Zierformen der Bauplastik zu, die in Steinmetzarbeit zu ersetzen und zu ergänzen waren. Die Aschaffenburger Meisterschule für Steinmetzen und Steinbildhauer spielte hier eine zentrale Rolle. „Und die Steinbildhauer waren sehr kreativ", sagt Ulli Weißhaar, die sich nun auch der Antwort auf die Frage nähert, was es mit den gar nicht böse dreinblickenden Gesichtern zwischen den Fratzen auf sich hat: „Das ist der Chef des

Wiederaufbaus Gunther Parussel", löst sie das Rätsel um das Menschengesicht am Ostturm. Im Anschluss an eine ihrer Stadtführungen habe ein Redakteur der *Frankfurter Allgemeinen Zeitung* die Idee gehabt, Parussel zu den Neidköpfen zu befragen, erinnert sie sich. 2005 verriet der Leiter des Wiederaufbaus in einem Interview, dass die Steinmetze tatsächlich ihn und andere reale Persönlichkeiten der 1950er- und 1960er-Jahre an der Schlossfassade verewigten. In der Darstellung habe er sich gut getroffen gefühlt, bekannte Parussel.

„Die Steinmetze machten sich einen Spaß und meißelten Köpfe, die Zeitgenossen der 1950er- und 1960er-Jahre darstellten. Viele wissen das nicht", erzählt Ulli Weißhaar. Am Südturm ist der einzige Kopf mit Brille zu sehen: Dieser wurde dem damaligen Polier nachempfunden. An der südlichen Ecke des Westturms bannten die kreativen Steinmetze das Gesicht des damaligen Bundeskanzlers Konrad Adenauer (1876-1967) in Sandstein. „Den finde ich aber nicht so eindeutig erkennbar", sagt Ulli Weißhaar.

Wer die ersten Menschengesichter entdeckt hat und um ihr Geheimnis weiß, ist neugierig und sucht die Fassade weiter nach anderen mehr oder weniger prominenten realen Persönlichkeiten ab. Und so meint man, im Schlossinnenhof den früheren Bundeswirtschaftsminister und späteren Bundeskanzler Ludwig Erhard (1897-1977) zu erkennen oder am Westturm in das markante Gesicht des bayerischen CSU-Politikers Franz Josef Strauß (1915-1988) zu blicken. Aber sehen Sie selbst, wer sich noch alles an der Schlossfassade entdecken lässt.

Caroline Wadenka

··

So geht's zu den Sandsteinköpfen:

Die Sandsteinköpfe sind auf der Fassade von Schloss Johannisburg zu sehen. Wer vor dem Schlosstor steht und nach rechts oben auf den Ostturm blickt, entdeckt zum Beispiel den Leiter des Wiederaufbaus, Gunther Parussel.

Quellen, Literatur, Bildnachweis

Albert, Jost: „Historische Parkanlagen, Gärten, Friedhöfe und Alleen". In: Gutzeit, Ina; Kenzler, Hauke: Kreisfreie Stadt Aschaffenburg – Ensembles, Baudenkmäler, Bodendenkmäler (Denkmäler in Bayern, Bd. 71), München 2015, S. CLXXXVIII-CLXXXIX.

Amtsblatt des Kontrollrats in Deutschland: „Kontrollgesetz Nr. 23". URL: http://www.verfassungen.de/de45-49/kr-gesetz23. htm. Abgerufen am: 26.10.2019.

Amtsblatt des Kontrollrats in Deutschland: „Kontrollratsgesetz Nr. 23". URL: http://www.verfassungen.de/de45-49/kr-gesetz23. htm. Abgerufen am: 26.10.2019.

Brönnle, Stefan: „Das Geheimnis der Neidköpfe". URL: https://www.inana.info/blog/2018/06/19/geheimnis-der-neidkoepfe. html. Abgerufen am 28.10.2019.

Brosche, Wilfried: „Historische Entwicklung und städtebauliche Eingliederung der Muttergottes-Pfarrkirche zu Aschaffenburg". In: Fischer, Willibald (Schriftleitung): Aschaffenburger Jahrbuch (Band 6), Aschaffenburg 1979, S. 15-36.

Bruchlos, Alexander: „Ein Stück deutscher Geschichte". In: Main-Echo, 19.1.2017.

Bruchlos, Alexander: „Eine schauerlich dröhnende Ouvertüre", In: Main-Echo am 27.09.2019.

Bruchlos, Alexander: „Wir besitzen kein geheimes Wissen". In: Main-Echo am 27.6.2017.

Burkart, Peter; van Driesum, Giesela; Kempf, Martin; Ziemer, Peter: Bildstöcke, Flurdenkmale und Kreuze in Aschaffenburg. Aschaffenburg 2003, S. 72-78.

Conrad, Joachim: Saarland-Biografien – Nassau-Saarbrücken Sophie Erdmuthe von, URL: http://www.saarland-biografien.de/ frontend/php/ergebnis_detail.php?id=367, Abgerufen am: 12.10.2019.

„Das älteste Turmkreuz der Stadt". In: Main-Echo, 30.11.1956.

„Der Wiederaufbau der ältesten Kirche der Stadt". In: Main-Echo, 23.8.1949.

„Glocken der Heimat läuten Weihnacht ein". In: Main-Echo, 24.12.1949.

„Neubau der Sankt Agathakirche vollendet". In: Main-Echo, 22.10.1949.

„St. Agatha, zweite Pfarrkirche Aschaffenburgs". In: Main-Echo, 18.11.1947.

Duden: „Kran, der". URL: https://www.duden.de/ rechtschreibung/Kran. Abgerufen am 2.11.2019.

Engel, Wilhelm: „Die fränkischen Geschlechter von Brunn um 1400". In: Freunde Mainfränkischer Kunst und Geschichte: Mainfränkisches Jahrbuch für Geschichte und Kunst (Band 3), Würzburg 1951, 116.

Freimaurer-Wiki: Mopsorden, URL: https://freimaurer-wiki.de/ index.php/Mopsorden. Abgerufen am 6.10.2019.

Freudenberg, Peter: „Denkmal-Streit beendet". In: Main-Echo, am 17./18.9.2005.

Freudenberg, Peter: „Mainufer-Gestaltung: Bürger wünschen sich die Autos weg". In: Main-Echo, 26.2.2011, URL: https://www.main-echo.de/regional/stadt-kreis-aschaffenburg/Mainufer-Gestaltung-Buerger-wuenschen-sich-die-Autos-weg;art11846,1546005. Abgerufen am 2.11.2019.

Gast, Klaus: „Als Aschaffenburg-Damm zur Hölle wurde". In: Main-Echo am 20.11.2014.

Giegerich, Christian: „Die Gruft unter der Muttergottespfarrkirche zu Aschaffenburg". In: Fischer, Willibald;

Grimm, Alois (Hrsg.): Die Pfarrei zu Unserer Lieben Frau in Aschaffenburg – Festschrift zur 200. Wiederkehr der Weihe der Muttergottespfarrkirche, Aschaffenburg 1975, 207-232.

Grimm, Alois: Aschaffenburger Häuserbuch IV, Aschaffenburg 1996, S. 120-132.

Grimm, Alois: Häuserbuch II – Altstadt zwischen Dalbergstraße und Schloß, Mainufer – Mainbrücke – Löherstraße, Aschaffenburg 1991. S. 212, 348-351, 402, 447, 512, 513, 545, 569, 570, 572, 574.

Gutzeit, Ina; Kenzler, Hauke: Kreisfreie Stadt Aschaffenburg – Ensembles, Baudenkmäler, Bodendenkmäler (Denkmäler in Bayern, Bd. 71), München 2015, S. 28-31, 70-71, 92-93, 262.

Hampe, Erich: Der zivile Luftschutz im Zweiten Weltkrieg, Frankfurt am Main 1963, S. 12 -14, 76-80.

Helmberger, Werner: „Schloss Johannisburg". In: Gutzeit, Ina; Kenzler, Hauke: Kreisfreie Stadt Aschaffenburg – Ensembles, Baudenkmäler, Bodendenkmäler (Denkmäler in Bayern, Bd. 71), München 2015, S. CLXXVII, CLXIX-CLXXIX.

Helmberger, Werner: Schloss und Park Schönbusch. München 1991, S. 31-32 (Amtlicher Führer).

Hetrodt, Ewald: „Schloß im Dornröschenschlaf" und „Bekannte Gesichter in Turmeshöhe". In: Frankfurter Allgemeine Zeitung am 25. Oktober 2005.

Hetrodt, Ewald: „Zweifel an der Heldentat auf der Mainbrücke". In: Frankfurter Allgemeine Zeitung, am 7.9.2005, abgerufen am 27.9.2019 unter https://www.faz.net/aktuell/rhein-main/region-und-hessen/aschaffenburg-zweifel-an-der-heldentat-auf-der-mainbruecke-1257288.html.

Jost, Albert; Helmberger, Werner: Der Landschaftsgarten Schönbusch bei Aschaffenburg, Worms 1998.

Körner, Peter: Das Aschaffenburger Bahnhofsquartier. Aschaffenburg 2013. S.42-63.

Krämer, Werner: „Die Glocken der St. Agatha-Kirche". In: Die Pfarrei St. Agatha zu Aschaffenburg, bearbeitet von Carsten Pollnick, Aschaffenburg 1992, S. 113-117.

Krämer, Werner: „Vor 50 Jahren: Abnahme der Kirchenglocken in Aschaffenburg". In: Mitteilungen aus dem Stadt- und Stiftsarchiv, Aschaffenburg März 1992, Band 3, Heft 6.

Lapinski, Maria: „Kirchen und Klöster der Kapuziner in Aschaffenburg". In: Würzburger Diözesan-Geschichtsblätter 61, 1999, S. 126/127, 144/145.

Lauterbach, Iris: „Skell, Ludwig von" In: Neue Deutsche Biographie 24 (2010), S. 95-97, URL abgerufen unter: https:// www.deutsche-biographie.de/pnd118760262.html#ndbcontent. Abgerufen am 22.10.2019.

Lehmann, Carl-Matthias: „Die Zeit wird ... die bestimmten umständlichen Grundzüge dieses seltenen unerwarteten Ereignisses zur genauen Kenntnis bringen – Zur Geschichte der Freimaurerei in Aschaffenburg". In: Aschaffenburger Jahrbuch Band 21, Aschaffenburg 2001, S. 137-148.

Lorenz, Sigismund: Aschaffenburger Klosterbilder – Aus der Geschichte der Kapuziner zu Aschaffenburg 1620-1908, Bickenbach 2018, S. 30Ff, 135, 138-140 (Nachdruck der Ausgabe

Aschaffenburg1908).

Lutz-Hilgarth, Dora: „Schönbusch als „Weg der Demeter" – Geheimes Programm nur für Wissende?". In: Main-Echo am 18.9.1999.

Main-Echo: „Das Hotel Post wächst in die Höhe – Ein Teil der Mainbrücke wird Balkon". Am 23.3.1970.

Main-Echo: „Einsiedelei? Rätselhafte Figurengruppe in der Mauer des Schlossgarten-Pavillons". 18.02.1998.

Main-Echo: „Nur die Geschichte kann Auskunft geben". 22.01.1952.

Main-Echo: „Pavillon erwacht aus Dornröschenschlaf". 05.10.1956.

Maurer, Stefanie: Zulassungsarbeit über das Thema Die Inschriften der Stiftskirche in Aschaffenburg bis 1650, Würzburg 30.9.1982, S. 135, S. 154.

o.A.: „Die Überwindung der Mauer von Siegfried Rischar". In: Main-Echo, 29.3.1986.

o.A.: „Siegfried Rischars Hände suchen Kontakt über der Berliner Mauer". In: Main-Echo, 13.4.1987.

o.A.: „Tausenden Leben und Habe gerettet". In: Volksblatt, 3. März 1959.

o.A.: „Vier Quadratmeter deutscher Geschichte schmücken einen Aschaffenburger Garten". In: Main-Echo, 18.4.1991.

o.A.: Erthal, Lothar Franz Freiherr von, Indexeintrag: Deutsche Biographie, URL: https://www.deutsche-biographie.de/pnd104104279.html Abgerufen am: 4.10.2019.

Overhoff, Jürgen: „Gastronom mit Leib und Seele". In: Main-Echo am 7.1.2014. URL: https://www.main-echo.de/regional/stadt-kreis-aschaffenburg/Gastronom-mit-Leib-und-Seele;art11846,2888610. Abgerufen am 5.11.2019.

Panier, Romy: „Freimaurersymbolik im Landschaftsgarten – Zur Bedeutung maurerischer Symbolik in deutschen Landschaftsgärten des 18. Jahrhunderts". In: Freimaurerische Forschungsgesellschaft e.V. und Forschungsloge Quatuor Coronati, Bayreuth No. 808 der Vereinigten Großlogen von Deutschland, Bruderschaft der Freimaurer (Hrsg.): Quatuor Coronati – Jahrbuch für Freimaurerforschung Nr. 53, Bayreuth 2016, S. 133-161.

Pattloch, Bernd: Schloss Johannisburg in Aschaffenburg – Zerstörung und Wiederaufbau 1944 bis 1999, Aschaffenburg 2007, S. 9 -13, S. 78/79, 105, S. 117.

Peter Körner (Hrsg.) Die Löwenapotheke zu Aschaffenburg. Geschichte. Zerstörung. Rekonstruktion. Aschaffenburg 1996.

Reis, Stefan: „Mitten in Aschaffenburg: Hoffnung überzieht Betongrau". In: Main-Echo, 7./8.11.2009.

Ripphausen, Josef: „Rischar soll Mauer bemalen". In: Volksblatt, 17.2.1990.

Schmittner, Monika: „Auf Leben und Tod". In: „Spessart", September 2014, S. 13-20.

Sckell, Friedrich Ludwig: Beiträge zur bildenden Gartenkunst für angehende Gartenkünstler und Gartenliebhaber, München 1825, S. 68/69.

Spies, Hans-Bernd: „König Gustaf II. Adolf von Schweden und Aschaffenburg 1631 – Die Sage von der angeblichen Errettung der Stadt durch den Kapuzinerguardian Bernhard und ihr historischer Hintergrund". In: Mitteilungen aus dem Stadt- und Stiftsarchiv, September 1998, Band 5, Heft 6, Aschaffenburg.

Spies, Hans-Bernd: „Zeitrechnung und Kalenderstile in Aschaffenburg und Umgebung – Ein Beitrag zur regionalen historischen Chronologie". In: Mitteilungen aus dem Stadt- und

Stiftsarchiv, Beiheft 3, Aschaffenburg 2009, S. 116-127.

Stadtmüller, Alois: „Mühlen in und um Damm". In: Spessart, Juni 1972.

Stadtmüller, Alois: Aschaffenburg im Zweiten Weltkrieg. Bombenangriffe, Belagerung, Übergabe. Aschaffenburg 1987, S. 37-38, 44-45, 49.

Stadtmüller, Alois: Maingebiet und Spessart im Zweiten Weltkrieg – Überblick – Luftkrieg – Eroberung, Aschaffenburg 1987, S. 30, 44/45, 51ff, 84.

Stenger, Erich: Die Steingutfabrik Damm bei Aschaffenburg 1827-1844. Aschaffenburg 1990 (Nachdruck der Ausgabe Aschaffenburg 1949).

Stenger, M.: „200 Jahre Gartenpavillon". In: Main-Echo, 21.09.1982.

Ströbl, Andreas: „Stiftzahn und Eisensarg – Gruftbestattungen in der Zeit der Industrialisierung", URL: https://www.google.com/url?sa=t&rct=j&q=&esrc=s&source=web&cd=1&cad=rja&uact=8&ved=2ahUKEwiv0dLk07DlAhUQEVAKHScnA5EQFjAAegQIABAB&url=https%3A%2F%2Fjournals.ub.uni-heidelberg.de%2Findex.php%2Fmitt-dgamn%2Farticle%2Fview%2F21759%2F0&usg=AOvVaw3wzpWV3GuKglsXHU-AeJCL. Abgerufen am: 22.10.2019.

Sylla, Albrecht; Hahn, Martin; Ebert, Roland: Blickwinkel Aschaffenburg. Aschaffenburg 2010. S. 103-112.

Thomas, Bernhard: „Maßeinheiten – Flörsheim 1656", URL: https://www.flörsheim-1656.de/html/masseinheiten.html. Abgerufen am: 19.10.2019.

Volksblatt: „Im Rathaus vor Atombomben sicher". Am 3.2.1958.

Von Andrian-Werburg, Klaus: „Der Tod des Freiherr von Andrian-Werburg am 6. September 1824". In: Mitteilungen aus dem Stadt- und Stiftsarchiv Band 5, Heft 6, 1998, S. 262-272.

von Herrlein, Adalbert: Spessart-Sagen, Aschaffenburg 1851, S. 16/17.

von Roda, Burkard: Schloss Aschaffenburg und Pompejanum (Amtlicher Führer), München 1989, S.42.

Walter, Karl: Glockenkunde, Regensburg und Rom 1913, S. 750.

Bildnachweis

S. 9 Fotohaus Kerstin Sänger

S. 52 *Constantin Hoffbauer*

S. 54 *Constantin Hoffbauer*

....

Hier gibt es sachkundige Informationen:

Führungsnetz Aschaffenburg
Führungen für Kindergruppen,
Familien, Schulklassen,
Erwachsenengruppen in Altstadt, Parks
und Museen der Stadt.
Luitpoldstraße 2
63739 Aschaffenburg
E-Mail:
fuehrungsnetz@vhs-aschaffenburg.de
Homepage:
www.fuehrungsnetz-aschaffenburg.de

Monika Spatz
Aschaffenburg bei einem Spaziergang
kennenlernen, die wichtigsten Sehens-
würdigkeiten und die grünen Wege der
Stadt entdecken – gewürzt mit jeder
Menge Geschichten und Histörchen.
Telefon: 06021/46343
E-Mail: monispatz@googlemail.com

Städt. Fachschule (Meisterschule)
für Steinmetze und Steinbildhauer
Schloßgasse 27
63739 Aschaffenburg
E-Mail:
steinmetzschule@aschaffenburg.de
Homepage:
steinmetzschule-aschaffenburg.de

Publikationen:

Spatz, Monika:
Steine erzählen Geschichte –
ein Rundgang über den Altstadtfriedhof
in Aschaffenburg,
Aschaffenburg, 2009

Spatz, Monika:
Aschaffenburg zu Fuß -
Die schönsten Sehenswürdigkeiten zu
Fuß entdecken
Frankfurt, 2016 (2020)